Web 2.0-Anwendungen im Marketing von Kunstmuseen

Reviewed Research. Auf den Punkt gebracht.

VS College richtet sich an hervorragende NachwuchswissenschaftlerInnen. Referierte Ergebnisse aus Forschungsprojekten oder Abschlussarbeiten werden in konzentrierter Form der Fachwelt präsentiert. Zur Qualitätssicherung werden externe Begutachtungsverfahren eingesetzt. Eine kompakte Darstellung auf 60 bis maximal 120 Seiten ist dabei das Hauptkennzeichen der neuen Reihe.

Tanja Binder

Web 2.0-Anwendungen im Marketing von Kunstmuseen

Eine kritische Auseinandersetzung

 Springer VS

COLLEGE

Tanja Binder
Mannheim, Deutschland

ISBN 978-3-531-19624-4   ISBN 978-3-531-19625-1 (eBook)
DOI 10.1007/978-3-531-19625-1

Die Deutsche Nationalbibliothek verzeichnet diese Publikation in der Deutschen National-
bibliografie; detaillierte bibliografische Daten sind im Internet über http://dnb.d-nb.de
abrufbar.

Springer VS

Einbandentwurf: KünkelLopka GmbH, Heidelberg

Gedruckt auf säurefreiem und chlorfrei gebleichtem Papier

Springer VS ist eine Marke von Springer DE. Springer DE ist Teil der Fachverlagsgruppe
Springer Science+Business Media
www.springer-vs.de

Danksagung

Dieses Buch wäre nicht möglich gewesen ohne die Unterstützung einer Vielzahl von Menschen. An erster Stelle stehen meine drei Kinder, die mich in Ruhe daran haben arbeiten lassen und mein Mann, Jan Schuhmacher. Seine intelligenten Impulse und überraschenden Gedanken haben mich inspiriert und sein geduldiges Korrekturlesen diese Veröffentlichung am Ende veredelt.

Danksagen möchte ich auch Dr. Jochen Zulauf, der meine Masterarbeit an der TU Kaiserslautern betreut hat, für seine kompetente und zielführende Beantwortung aller Fragen. Dies gilt ebenso für Prof. Dr. Thomas Heinze, wissenschaftlicher Leiter des Studiengangs "Management für Kultur- und Non-Profit-Organisationen", und Dr. Dorit Günther, die für alle meine Anliegen immer ein offenes Ohr und eine Lösung parat hatten.

Außerdem geht mein Dank an Birgit Korn und Yvonne Bräutigam, die mich überhaupt auf das Thema Web 2.0 aufmerksam gemacht haben; an die Facebook-Gruppe "Museums Web 2.0er" – allen voran Christian Henner-Fehr –, die ein reger Quell von Ideen und Anregungen war und last, but not least an Reinhold Weinmann, Maria-Inti Metzendorf, Ralf Dorau und Martin Knoke, die mir alle in vielerlei Hinsicht ihre Zeit und Kompetenz schenkten.

Ein herzliches Dankeschön an alle!

Tanja Binder

Inhalt

Abbildungen und Tabellen 9
Abkürzungsverzeichnis 11

1. Einleitung 13

2. Museumsmarketing 18
   2.1 Was versteht man unter Kulturmarketing? 18
   2.2 Besonderheiten des Marketings für ein Kunstmuseum 19

3. Web 2.0 23
   3.1 Was bedeutet Web 2.0? 23
   3.2 Welche Zielgruppen erreicht man über Web 2.0? 25
   3.3 Relevante Web 2.0-Nutzungsformen 29
       3.3.1 Wikipedia 30
       3.3.2 Soziale Netzwerke 34
       3.3.3 Weblogs 49
       3.3.4 Twitter 55
       3.3.5 Video-Portal: YouTube 60
       3.3.6 Podcasting 66
       3.3.7. Foto-Portal: Flickr 69
   3.4 Fazit Web 2.0 74

4. Implementieren von Web 2.0 in das Marketingkonzept eines
   Kunstmuseums 77
   4.1 Zur Vorgehensweise 77
   4.2 Der Einsatz von Web 2.0 im Museumsmarketing 79
       4.2.1 Besucherbindung 81
       4.2.2 Besucherakquisition 85

4.2.3 Leistungspflege..88
4.2.4 Leistungsinnovation..90
4.2.5 Stakeholder-Kommunikation..92
4.3 Controlling und Erfolgsmessung..93
4.3.1 Social Media Monitoring..93
4.3.2 Zieldefinition..95
4.3.3 Kennzahlenbestimmung...95
4.3.4 Integrierte Controllingsysteme...98

5. Resümee...101
5.1 Chancen, Grenzen, Risiken..101
5.2 Ausblick..103

6. Literaturverzeichnis..106

7. Anhang..113
Quellenverzeichnis...113
ACTA Trendreihen 1998-2011 (Auswahl)..114

Abbildungen und Tabellen

Abb. 1: Nerdwideweb: Mindcloud zu Web 2.0
(von Markus Angenmeier, 2005) 14
Abb. 2: Warum nutzen User Social Media? (Sample size n=1.056),
Quelle: IBM Institute for Business Value, CRM-Studie 2011 29
Abb. 3: Anteil der Community-Mitglieder nach Altersgruppen (in Prozent),
Basis: Bevölkerung der BRD zw. 14 & 64 Jahren,
Quelle: ACTA 2010. 35
Abb. 4: Nutzerzahlen bei Facebook (in Mio.), Basis: Bevölkerung der
BRD zw. 14 & 64 Jahren, Quelle: ACTA 2010. 37
Abb. 5: Nutzerzahlen YouTube (in Mio.), Basis: Bevölkerung der BRD
zw. 14 & 64 Jahren, Quelle: ACTA 2010. 61

Tabelle 1: Nutzungsfrequenz von Web 2.0 nach Angebotsformen (zumindest
selten genutzt, in Prozent), Basis: Onlinenutzer ab 14 Jahren in
Deutschland (n=1.252), Quelle: ARD/ZDF-Online-Studie 2010. 25
Tabelle 2: Web 2.0- Nutzung 2010 nach Geschlecht (zumindest selten
genutzt, in Prozent), Basis: Onlinenutzer ab 14 Jahren in
Deutschland (n=1.252), Quelle: ARD/ZDF-Online-Studie 2010. 26
Tabelle 3: Web 2.0- Nutzung 2010 nach Alter (zumindest selten genutzt; in
Prozent), Basis: Onlinenutzer ab 14 Jahren in Deutschland
(n=1.252), Quelle: ARD/ZDF-Online-Studie 2010 27
Tabelle 4: ACTA Trendreihen 1998-2011 (Auswahl), erhoben vom Institut
für Demoskopie Allensbach, www.ifd-allensbach.de 114

Abkürzungsverzeichnis

ACTA	Allensbacher Computer- und Technikanalyse
CRM	Customer Relationship Management
MoMa	Museum of Modern Art, New York
ROI	Return on Investment (dt.: Kapitalrendite)
RSS	Real Simple Syndication
SMS	Short Message Service (max. 140 Zeichen lange Textbotschaft per Handy)

1. Einleitung

In the past you were what you owned, now you are what you share.[1]
(Victor Samra, Museum of Modern Art, New York)

Will ein Museum zeitgemäß sein, gehört die Einbindung von Web 2.0-Anwendungen heute zum öffentlichen Auftritt dazu. Derzeit befindet sich die so genannte "zweite Generation Internet" in einer Phase der Konsolidierung. Im Hauptaugenmerk der Onliner[2] steht nicht, wie vor einigen Jahren noch prognostiziert, das Ausleben einer virtuellen Identität ("Second Life"), sondern vielmehr die Kommunikation in verschiedenen sozialen Netzwerken.[3] Laut ARD/ZDF-Onlinestudie nutzen 69,4 Prozent der deutschen Bevölkerung 2010 das Internet, Tendenz steigend. Drei Viertel von ihnen haben eine oder mehrere Formen von Web 2.0-Anwendung ausprobiert.[4]

Als logische Konsequenz hat sich das so genannte "Social Web"[5] gegenwärtig durchaus als Teil eines modernen Marketings etabliert. Das gilt auch für die Kulturbranche – vor allem in Zeiten leerer öffentlicher Kassen und schrumpfender Zuschüsse, in denen die Kultureinrichtungen untereinander in wachsender Konkurrenz stehen und sich zwangsläufig auch Management-Ansätzen hin öffnen müssen.

Heute zählen Facebook-Profil, Twitter-Badge, Podcasts auf der Homepage und Links zu YouTube zum erstrebenswerten Ideal. Über 17.000 Facebook-

---

1   Dt.: "In der Vergangenheit war man, was man besaß, heute ist man, was man teilt." Victor Samra, Digital Marketing Manager des Museum of Modern Art (MoMa) New York, auf der Konferenz "Communicating The Museum", Düsseldorf 2011. Zitiert nach Hartmann, online unter http://museumsreif.posterous.com/communicating-the-museum-ctm11-im-museumkuns, abgerufen am 14.7.11.

2   Wegen der besseren Lesbarkeit wird in diesem Buch auf die weibliche Form verzichtet, diese gilt jedoch entsprechend.

3   Vgl. Busemann / Gscheidle (2010).

4   Die beliebtesten Internet-Funktionen sind E-Mail, Chatten und Forennutzung. Ebd., S. 359 & 367.

5   Neben "Web 2.0" setzt sich zunehmend das Schlagwort "Social Web" durch (siehe Kap. 3.1). In dieser Veröffentlichung werden die Begriffe synonym verwendet, da eine Differenzierung hier keinen Erkenntnisgewinn bringt.

Fans verbuchte beispielsweise das NRW-Forum in Düsseldorf im April 2011.[6]
Visitatio.de zählt weit über hundert aktiv twitternde Museen in Deutschland.[7]

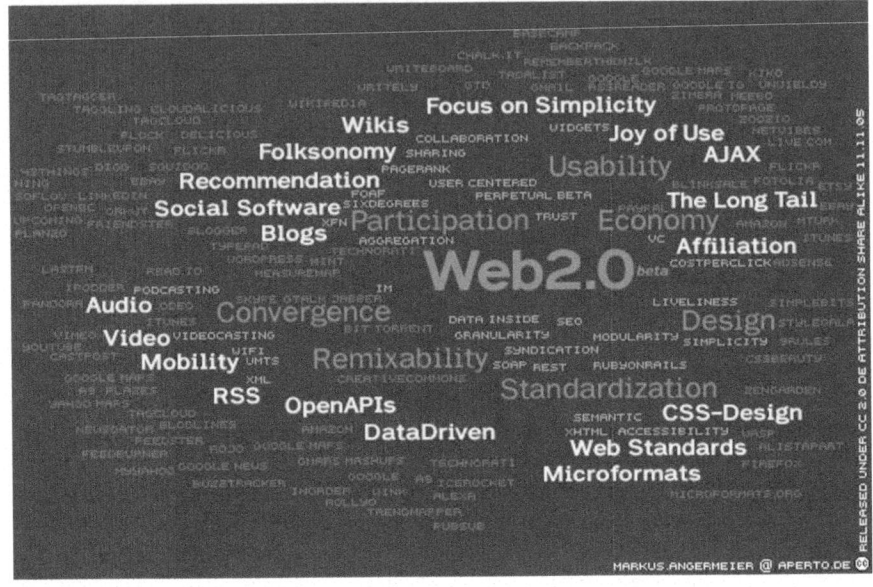

Abb. 1: Nerdwideweb: Mindcloud zu Web 2.0 (von Markus Angenmeier, 2005)

Stets wird an prominenter Stelle als großer Vorteil ins Feld geführt, dass das
Gros der Web 2.0-Anwendungen kostenlos genutzt werden kann. Und so registrieren sich manche Museen verschiedentlich, ohne zu bedenken, dass die Pflege
eines Profils viel Zeit und damit Ressourcen bindet. Doch häufig ist das nötige
Personal nicht vorhanden, um alle einmal gestarteten Anwendungen dauerhaft
und sorgfältig weiter zu führen. Darüber hinaus scheinen die einzelnen Aktionen
meist nicht in eine übergeordnete Marketing-Strategie eingebettet. Eine derarti-

---

6   Das NRW-Forum liegt 2011 auf dem ersten Platz im Top-25-Ranking von Facebook-Seiten
     deutscher Museen und Ausstellungshäuser, veröffentlicht im Blog "Museumsreif" von Seba-
     stian Hartmann, online unter http://museumsreif.posterous.com/ranking-deutsche-museen-
     und-ausstellungshause, abgerufen am 26.6.11.
7   Mit 14.336 Follower belegte auch hier das NRW-Forum im Juli 2011 Platz eins. Online unter
     http://www.visitatio.de/Twitter/twitternde-Museen-Deutschland-juli-2011.html, abgerufen am
     25.7.11.

ge Vorgehensweise kann sich sogar negativ auf Image und Reputation eines Museums auswirken.[8]

Tatsächlich eröffnet das "Mitmachnetz" interessante neue Wege, um mit den verschiedenen Stakeholdern[9] (auch der Presse) Kontakt aufzunehmen und im Dialog herauszufinden, was ihre jeweiligen Bedürfnisse sind. Zudem besteht (zumindest theoretisch) die Chance, eine jüngere Zielgruppe[10] dort abzuholen, wo sie sich aufhält – nämlich im Internet, auf Facebook, Twitter, YouTube. Fraglich bleibt, ob man sie nachhaltig für die Kunst und ihre Ausstellungsorte zu interessieren vermag.

Aktuellen Umfragen zufolge sind die intensivsten Web 2.0-Nutzer die Teenager, von denen sich 79 Prozent mindestens einmal pro Woche in einer Community einloggen. Während es bei den 20- bis 29-Jährigen 62 Prozent sind, suchen unter den Älteren (ab 60) nur vier Prozent eine virtuelle Gemeinschaft auf.[11] Wenn man davon ausgeht, dass die Internettotalverweigerer im Laufe der Jahre weniger werden und die heutigen Teenager nicht nur lebenszyklisch bedingt rege Web 2.0-Nutzer sind, sondern dies als Erwachsene bleiben werden, liegt es nahe, dass die Zukunft mit Social Web gedacht werden muss.

Der große Vorteil eines Museums bei der Nutzung des Social Web ist, dass sich die Frage nach dem "Content" nicht stellt. Im Gegensatz zu einem Wirtschaftsunternehmen erzeugt ein Museum kontinuierlich neuen Inhalt, der für die Web 2.0-Kommunikation benötigt wird.[12] Da keine kommerziellen Interessen unterstellt werden, wirkt ein Museum authentischer und erliegt nicht dem Verdacht, es suche nur neue Kunden.[13]

Mit dem Social Web kommt ein emanzipatorischer Mediengebrauch in greifbare Nähe, wie ihn Hans Magnus Enzensberger 1970 erläutert hatte: mit

---

8 Vgl. Rager/ Weber (2009), S. 99 ff. Zum Reputation Management: Weinberg (2010), S. 91 ff.
9 Ursprünglich beschreibt der Begriff des "Stakeholders" (auch "Anspruchsgruppe" oder "Interessensgruppe") all jene, die Ansprüche an eine Organisation stellen. Mittlerweile wird der Begriff in dem Sinne gebraucht, dass er alle umfasst, die ein gewisses Interesse an einer Institution haben. Siehe ISO 10006, online unter http://www.iso.org/iso/iso_catalogue/catalogue_tc/catalogue_detail.htm?csnumber=36643, abgerufen am 11.10.11. Vgl. Rager/ Weber (2009), S. xi.. Vgl. auch Bode (2009), S. 56.
10 Zwar kritisiert Schulze (1992) den Begriff "Zielgruppe" als zu ungenau, um jene Gruppe zu beschreiben, mit der man kommunizieren möchte; andere Autoren bevorzugen den Begriff "Teilöffentlichkeit" bzw. "Dialoggruppen". (Dörrbecker/ Fissenewert-Goßmann (1996), S. 59f.) Nach Meinung der Autorin ist eine Unterscheidung der Begriffe nicht zielführend, da alle drei Begriffe jene Gruppe von Marktteilnehmern bezeichnen, an die sich das Marketing eines Museums mit kommunikationspolitischen Maßnahmen richtet. Im Gegensatz zu den Stakeholdern werden die Zielgruppen durch die Organisation selbst definiert und abgegrenzt. Vgl. Rager/ Weber (2009), S. xiii.
11 Siehe Busemann/ Gscheidle (2010), S. 359.
12 Scheurer/ Spiller (2010), S. 9.
13 Vgl. Hoffmann (2010), S. 197.

dezentralen Programmen, jedem Empfänger auch als Sender, mit einer Interaktion der Teilnehmer, einer kollektiven Produktion und der gesellschaftlichen Kontrolle durch Selbstorganisation.[14] Was für den User Verheißung, stellt für das Marketing eine Herausforderung dar, denn mit der Emanzipation schwindet die Kontrolle über die Kommunikation.

In der Kultur-Branche herrscht zudem noch immer eine kritische Einstellung der Akteure gegenüber technischen Neuerungen sowie betriebswirtschaftlichen Ansätzen, durch die eine Verwässerung der Kunst befürchtet wird. Mit solchen konservativen Einstellungen muss ein Museumsmarketing umgehen und sich die Frage stellen, inwieweit diese einerseits berechtigt sind, andererseits an welcher Stelle das Web 2.0 eine Bereicherung bietet und eine gleichberechtigte Kommunikation ermöglicht.

In diesem Buch soll ausgelotet werden, in welcher Form Social Media sinnvoll genutzt werden kann für ein effizientes Museumsmarketing und wann ein Einsatz kontraproduktiv sein könnte. (Siehe Kap. 3.) Die Reichweite des Internets ist immens, das Tempo der Informationsverbreitung rasant. Beides gilt im Guten wie im Schlechten und kann die Unternehmenskommunikation vor Probleme stellen: "Die Reaktionszeit bemisst sich nicht in Halbtagesrhythmen, sondern in Minuten und Stunden."[15]

Zudem soll überprüft werden, ob tatsächlich neue Besuchergruppen mit dem Einsatz vom Social Web gewonnen werden können und wenn ja, wie. Dabei darf der Kosten-Nutzen-Aspekt nicht aus dem Blickfeld geraten. Schließlich ist es wesentlich teurer, einen neuen Kunden zu gewinnen, als einen zufriedenen zu halten, der nicht nur wieder kommt, sondern darüber hinaus Andere an seinen positiven Erfahrungen teilhaben lässt.[16] Daher wird im Folgenden beleuchtet, ob und wie Besucher mit Hilfe des Web 2.0 an das Haus gebunden werden können. Außerdem werden mit Blick auf die Nutzung des Social Web die weiteren Aufgaben des Marketings untersucht, wie Besucherakquisition, Leistungsinnovation, Leistungspflege und Stakeholder-Kommunikation. (Siehe Kap. 4.2.)

Eine an diesen Themenkomplex direkt anschließende Frage ist die nach der Erfolgskontrolle. Wie stellt man fest, ob man die anvisierte Zielgruppe erreicht hat, wie kann man den Erfolg einer Social-Media-Kampagne messen? Hierfür ist es notwendig, Kennzahlen zu ermitteln an mindestens zwei verschiedenen Zeitpunkten, um einen Vergleich zu ziehen oder eine Entwicklung ablesen zu können. (Siehe Kapitel 4.3.)

---

14   Enzensberger (1970), S. 159-186.
15   Rager/ Weber (2009), S. 93 & 105.
16   Ein unzufriedener Kunde erzählt elf Personen von seinen schlechten Erfahrungen, während ein zufriedener sich nur drei Personen mitteilt. Siehe Kotler (2011), S. 305. Vgl. Klein (2008), S. 28-29.

Das methodische Vorgehen in diesem Buch ist einerseits induktiv, sofern dies aufgrund der Fachliteratur und der Datenlage möglich ist, aber auch deduktiv, wenn ein Mangel an Forschungsliteratur zu einem bestimmten Aspekt dieses Vorgehen notwendig macht. Für den theoretischen Rahmen wird Fachliteratur des Kulturmanagements, der Soziologie und der Betriebswirtschaftslehre herangezogen.

In Bezug auf die Web 2.0-Nutzung werden in einer Sekundäranalyse Daten aus quantitativen Umfragen ausgewertet. Ein Schwerpunkt liegt auf Allensbacher Computer- und Technikanalyse (ACTA) 2010 und 2011 und der ARD/ZDF-Onlinestudie 2010. Beide Erhebungen wurden umfassend und über Jahre hinweg vollzogen und erlauben daher Schlussfolgerungen über zukünftige Entwicklungen. Im Einzelfall wird auf qualitative Erhebungen (Experten-Interviews) zurückgegriffen. Unerlässlich war eine eigene Internetrecherche, um bestimmte Gesichtspunkte durch Beispiele von "Best Practice" und "Worst Practice" anschaulich zu machen.

Bevor die relevanten Web 2.0-Anwendungen und ihre Nutzung durch ein Kunstmuseum beschrieben werden, soll kurz umrissen werden, von welchem Marketing-Ansatz hier ausgegangen wird.[17]

---

17 In diesem Buch liegt der Fokus auf Kunstmuseen, weshalb mit Museumsmarketing das Marketing eines Kunstmuseums gemeint ist. Definition nach Unesco-Klassifizierung mit den Sammelgebieten: Kunst und Architektur, Kunsthandwerk, Keramik, Kirchenschätze und kirchliche Kunst, Film, Fotografie, online unter http://www.smb.museum/ifm/dokumente/materialien/mat64.pdf, S. 18, abgerufen am 25.8.11.

2. Museumsmarketing

2.1 Was versteht man unter Kulturmarketing?

Im Kulturbereich konkurrieren die Institutionen untereinander einerseits um knapper werdende Mittel, andererseits um die Gunst der Besucher. Diese werden (sozusagen mit ihren Institutionen) immer älter; es wächst kein junges Stammpublikum nach, das sich für Hochkultur interessiert.[18]

Außerdem werden Zuwendungen durch die öffentliche Hand in Hinblick auf die Verwendung von Ressourcen von der Öffentlichkeit wie den Trägern unter wirtschaftlichen Aspekten hinterfragt, sodass auch kulturelle Institutionen unter steigendem Legitimationsdruck stehen.[19] Deshalb wird auch im Non-Profit-Bereich die Notwendigkeit eines Marketings als Lehre einer markt- und kundenorientierten Unternehmensführung gesehen, das mit seiner konsequenten Orientierung an den Stakeholdern und deren Bedürfnissen Erfolg verspricht.[20]

Marketing lässt sich definieren als ein "Austausch von Dingen oder Leistungen von Wert und die Beeinflussung dieses Prozesses".[21] Nach Klein muss Marketing in öffentlichen Kulturbetrieben zum einen so gut wie möglich die inhaltlichen Ziele umsetzen, zum anderen den "anvisierten Interessentenkreis so weit wie möglich (...) erreichen".[22]

Nach Colbert werden jedoch nur jene Marktsegmente angepeilt, die

aussichtsreich für das Kulturprodukt interessiert werden können, indem die entsprechenden Austauscheigenschaften (z.B. Preis, Werbung, Vertrieb, Service usw.) dem künstlerischen Produkt (...) optimal angepasst werden, um dieses mit einer entsprechenden Zahl von Nachfragen erfolgreich in Kontakt zu bringen.[23]

---

18 Diese Entwicklung entspricht dem prognostizierten demografischen Wandel: In Zukunft wird es nur ein schmales Mittelfeld geben, einige Junge, vor allem aber sehr viele Alte. Vgl. Dreyer (2009), S. 35 ff.
19 Hausmann (2004), S. 89.
20 Bruhn (2008), S. xxix.
21 Klein (Hg.), S. 535.
22 Ebd., S. 539.
23 François Colbert, zitiert nach Klein (2008), S. 539.

Festzuhalten ist, dass Kulturmarketing hier verstanden wird als eine Denkhaltung, im Rahmen dieser sich alle Aktivitäten einer Organisation an den Erwartungen ihrer Anspruchsgruppen orientieren und "darauf abzielen, die finanziellen, mitarbeiterbezogenen und insbesondere aufgabenbezogenen Ziele der Non-Profit-Organisation zu erreichen".[24]

Ganzheitliches Unternehmensmarketing ist ein immanenter Teil eines dynamischen, zukunftsorientierten Managementprozesses[25] und gerade in einem Non-Profit-Unternehmen wie einem Museum unentbehrlich, damit der Bildungsauftrag auch bei schwindenden öffentlichen Zuschüssen weiterhin erfüllt werden kann.[26]

Unter Wahrung des Gleichgewichts aller Ziele steht über allem die Mission, schriftlich in einem Leitbild fixiert, das die Unternehmenskultur widerspiegelt. Ausgehend von diesem wird die Unternehmensstrategie abgeleitet, davon wiederum das strategische Marketing bis hin zum operativen.[27] Hier werden die Social Web-Anwendungen als Teil des Marketing-Mix positioniert. (Mehr dazu in Kap. 4.)

2.2 Besonderheiten des Marketings für ein Kunstmuseum

Welches sind nun die speziellen Anforderungen an ein Marketing für ein Kunstmuseum? Hier gelten zu allererst die Besonderheiten für das Marketing von Non-Profit-Organisationen allgemein, da das erste Ziel eines Museums nicht die Gewinnmaximierung ist, sondern die Erfüllung eines kulturellen Bildungsauftrags.[28]

Schwierigkeiten bilden beim Non-Profit-Marketing die Definition des relevanten Marktes und seine Segmentierung sowie die konkrete Beschreibung der angebotenen Leistung. Bedacht werden muss beim Museumsmarketing zudem eine Vielzahl an unterschiedlichen Anspruchsgruppen (wie Besucher, Medien, Öffentlichkeit, Verwaltungsangestellte, Wissenschaftler, Sponsoren, Förderer, Lokalpolitik, Tourismus etc.) Im Gegensatz zu einem Wirtschaftsunternehmen können die Angebote (z.B. Führung durch eine Sonderausstellung, Vortrag zu einem kunsthistorischen Thema, Kinder-Malkurs) selten, teilweise oder gar

---

24 Bruhn (2005), S. 63.
25 Vgl. Marketing-Begriff bei Heinrichs (1993), S. 174 ff.
26 Bruhn (2008), S. 24-26. Vgl. Bruhn (2007b), S. 13 ff.
27 Die Mission beinhaltet den Zweck, die Hauptziele einer Organisation und wird im strategischen Leitbild ausformuliert, mit weiterführenden Zielsetzungen und Grundsätzen. Bruhn (2008), S. 9-11 & 42-44.
28 Siehe Bruhn (2008), S. 11 f.

nicht standardisiert werden. Darüber hinaus bestehen auf Kunden- wie Anbieterseite Hemmschwellen, die einer Vermarktung im Wege stehen. Zu guter Letzt verfügen Kunstmuseen leider in aller Regel nur über ein relativ geringes Marketingbudget.[29]

Das bedeutet, dass eine systematische Ausrichtung auf den Markt schwierig ist. Hier müssen kreative Lösungen gesucht werden, bei denen beispielsweise auch Web 2.0-Anwendungen zum Einsatz kommen können. (Konkrete Beispiele siehe Kap. 4.)

In der Öffentlichkeit findet seit geraumer Zeit eine Auseinandersetzung und Neubestimmung der Aufgabe und Funktion von Museen statt. Auf der einen Seite stehen die traditionellen Arbeitsschwerpunkte eines Museums – nämlich Sammeln, Bewahren, Vermitteln und Forschen. Hier können Web 2.0-Anwendungen genutzt werden, um die einzelnen Funktionsbereiche besser zu verknüpfen. Auf der anderen Seite sieht man das Museum oft nur mehr als Ort, an dem – ähnlich einer Fabrik –"Produkte" (wenn auch kultureller Art, wie z.B. Kunstausstellungen) erzeugt werden. In diesem Spannungsfeld arbeitet das Kulturmanagement und mit ihm das Kulturmarketing.[30]

Dass sich Museen in öffentlicher Trägerschaft zunehmend wirtschaftlichen Ansätzen hin öffnen müssen, liegt auch an einer stetig wachsenden Zahl privater Ausstellungshäuser: 2009 standen 63 Prozent öffentlicher Museen etwa 33 Prozent private gegenüber, die alle um das Interesse der Besucher miteinander in Wettstreit stehen.[31]

Neben dem Aufspüren von zukünftigem Bedarf steht die Bedürfnisbefriedigung des Kunden beim Marketing an erster Stelle. Allerdings ist es für ein Kunstmuseum nicht nur wichtig, dass viele Besucher kommen, sondern vor allem, dass sie zufrieden gestellt werden, damit sie wiederkommen und positive Mundpropaganda betreiben.[32] Dies kann beispielsweise mittels Social Media geschehen. Hier besteht für das Marketing die Möglichkeit, über themenbezogene Gruppen und Foren herauszufinden, was die Besucher über die Institution denken, wie ihnen die Angebote gefallen etc. Ein derartiger Dialog kann zur Erfüllung der Marketingaufgaben beitragen. (Siehe Kap. 4.2.)

Darüber hinaus wird seit einigen Jahren das Museum als Marke diskutiert.[33] Demnach sollen "unverwechselbare institutionsspezifische Eigenschaften und Erlebnisangebote" einem Museum Wettbewerbsvorteile verschaffen, mit Hilfe

---

29   Ebd., S. 36.
30   Vgl. Heinze (2009), S. 189 ff.
31   2009 zählte das Institut für Museumsforschung 653 Kunstmuseen, davon 412 in öffentlicher Hand, 218 in Privatbesitz, 23 Mischformen. Siehe Statistische Gesamterhebung an den Museen der BRD (2009).
32   Lenders (1995), S. 18-23. Vgl. Klinke (2000), Kap. 4.
33   Siehe z.B. John/ Günter (Hg.) (2008). Vgl. auch Zernisch (2003).

derer die Besucher "eine emotionale Bindung an die Einrichtung aufbauen, dem Museum dauerhaft die Treue halten und es weiterempfehlen".[34] Gerade zur Erzeugung von einem Gefühl von Gemeinschaft und Nähe, um so auch z.b. Weiterempfehlungen zu initiieren, bietet das Web 2.0 eine geeignete Plattform. Darüber hinaus zählen die Vermittlung der Kunst und die Begeisterung für die Ausstellungsinhalte zu den Hauptaufgaben eines Museums der Gegenwart. Den "Aktionsradius zu vergrößern und Zugänglichkeit zu verbessern"[35] sind dabei ebenfalls Aspekte, die sich mit dem Instrumentarium des Social Web umsetzen lassen.

Ein Manko vieler Museen besteht darin, dass sie weder ihre Stärken betonen noch auf Spezialgebiete aufmerksam machen. Doch über eine solche Akzentuierung könnte ein Alleinstellungsmerkmal kommuniziert und ebenfalls ein Dialog mit den Stakeholdern angestoßen werden.

Die sich verändernde Besucherstruktur stellt zukünftig die Museen vor neue Herausforderungen. Die Alterung der Gesellschaft[36], wachsende Migration und die sinkende Bevölkerungszahl sind drei grundsätzliche Entwicklungen in Deutschland mit Folgen für die Gesellschaft und daher auch für den Kulturbereich. So werden beispielsweise finanzielle Engpässe spürbarer – direkt durch sinkende Besucherzahlen; indirekt, da weniger Steuereinnahmen sinkende Budgets zur Folge haben könnten.[37]

Eine Herausforderung für die Kulturinstitutionen wird sein, gleichzeitig die wachsende Zahl der Alten berücksichtigen, ohne dabei die Jungen zu vergessen. Des Weiteren erhöht sich die ethnische Vielfalt[38] und es werden – migrationsbedingt – andere Vorkenntnisse, Erfahrungen und Verständnisse von Kultur bei einem Museumsbesuch eingebracht.[39]

Nicht zu vergessen sind die bestehenden gesellschaftlichen Tendenzen zu Individualisierung und Pluralisierung, die vom Marketing eine differenzierte Ansprache erfordern.[40] Dafür bieten sich im Web 2.0 diverse Gelegenheiten. Dort finden – in einer gegenläufigen Entwicklung – viele Menschen über the-

---

34 Reussner (2004).
35 Beide Aspekte sieht z.B. Max Hollein, Direktor von Städel Museum und Schirn Kunsthalle Frankfurt, als Hauptaufgaben eines Museums heute. Zitiert nach Radel (2010).
36 Laut Prognose des Statischen Bundesamts 2006 wird im Jahr 2050 etwa 30 Prozent der Bevölkerung über 65 Jahre alt sein und nur 15 Prozent unter 20 Jahre. Zitiert nach Hausmann (2009), S. 134-135.
37 Dreyer (2009), S. 35 ff. Vgl. Keuchel (2009), S. 151.
38 Während 2010 ein Anteil von 9,6 Prozent von Ausländern an der Gesamtbevölkerung, wird bis 2050 mit etwa 17 Prozent gerechnet. Statisches Bundesamt 2006, zitiert nach Hausmann (2009), S. 134-135.
39 Hausmann (2009), S. 136 f. Vgl. auch Siebenhaar/ Allmanritter (2010).
40 Siehe Hausmann (2009), S. 138 ff.

matische Bezüge in Gruppen zusammen und sind so auch für Museen über das jeweilige Thema erreichbar.

3. Web 2.0

3.1 Was bedeutet Web 2.0?

Die Mehrzahl unserer Online-Interaktionen ist vermutlich auf Gemeinschaftsbildung ausgerichtet.[41]

Das Internet hat heutzutage fast die Reichweite des Fernsehens erreicht: 49 Mio. Menschen in Deutschland nutzten es 2010 gelegentlich; 76 Prozent der User waren sogar täglich online. Am schnellsten gewachsen ist die private Nutzung, in Bezug auf Web 2.0 ist sie allerdings 2010 geringer angestiegen als in den Jahren zuvor. Bei der jüngeren und mittleren Generation ist der Mitmachfaktor gesunken: Auch das Social Web wird nun eher konsumiert.[43] Es scheint eine gewisse Sättigung eingetreten zu sein: Die aktiven Nutzer werden weniger, wobei Teenager und Twens die größte Gruppe bilden.[44]

Schon das Internet an sich (auch "Web 1.0" genannt) verfügt über für ein Museumsmarketing interessante Charakteristika: Es verbindet Echtzeit- mit Archiv-Eigenschaften, ist auf Abruf verfügbar, geografisch uneingeschränkt und interaktiv nutzbar.[45] Die Struktur ist nicht-sequenziell, nicht-linear und die Inhalte werden dynamisch erzeugt. Als Massenmedium besitzt es eine unbegrenzte Sender- und Empfängerzahl und das Produkt (die Information) ist nichtrivalisierend und verbraucht sich nicht.[46]

Das Web 2.0 steigert in der Weiterentwicklung das Interaktivitätspotenzial und die dezentrale Kommunikationsstruktur noch.[47] Den grundlegenden Wandel, den der Begriff "Social Web" zu fassen sucht, ist weniger in den neuen Technologien begründet, als vielmehr in einer neuen Geisteshaltung und alter-

---

41 Weinberg (2010), S. 197.
42 Das entspricht 69,4 Prozent der Deutschen (ab 14 J.). Siehe www.ard-zdf-onlinestudie.de.
43 Busemann/ Gscheidle (2010), S. 360.
44 Beispielsweise sind unter den 40- bis 49-Jährigen nur noch 12 Prozent am Produzieren und Einstellen von Inhalten interessiert, während es 2009 noch 28 Prozent waren. Ebd., S. 360-361.
45 Hopf (2010), S. 53.
46 Hörner (2006), S. 1-14.
47 Vgl. Bräuer/ Seifert/ Wolling (2008), S. 204. Vgl. auch Simon/ Bernhardt (2008), S. 12.

nativen Nutzungsformen.[48] Im Vordergrund steht die Beteiligung der Nutzer, das gemeinsame Erstellen, Bearbeiten und Verteilen von Inhalten (der so genannte User-Generated Content): "Es geht um die Idee, kollektive Intelligenz nutzbar zu machen."[49]

Das bedeutet: Der Nutzer ist nicht mehr nur Konsument, sondern auch Produzent. Der Begriff "Prosumer" (als Mischung aus Produzent/ engl. "producer" und Konsument/ engl. "consumer") spiegelt diese neue Rolle wider: Das "Mitmach-Web" ist auf die aktive Teilhabe möglichst vieler angewiesen.[50] Zudem werden die Inhalte nicht nur generiert, sondern von den Nutzern bewertet, kommentiert, klassifiziert, verschlagwortet, weiterempfohlen, was zu Rückkopplungsprozessen führt. Da Web 2.0 das Netz als soziale Plattform versteht, kann jeder auf (fast) alles kostenlos zugreifen, was eine Demokratisierung von Wissen ermöglicht.[51]

Während bei den traditionellen Massenmedien der Distributionsmodus "einer zu vielen" oder "wenige zu vielen" war, ist im Social Web alles möglich: einer zu vielen, viele zu vielen, wenige zu vielen etc. Die Entwicklung führt weg vom Monolog, hin zum Dialog.[52]

Die veränderte Nutzung und Wahrnehmung des Internets haben weit reichende Folgen:

- Informationsmonopole sind immer schwerer zu halten
- Verbraucher tauschen sich aus
- inkonsistente Kommunikation fällt auf
- Autoren können selbst Öffentlichkeit erreichen
- Werke sind von jedem reproduzierbar
- Jeder ist und hat Öffentlichkeit. [53]

Für das Marketing ist zudem die Entwicklung vom Push- zum Pull-Medium bedeutend. Während man im Web 1.0 den Nutzern vorgefertigte Informationen

---

48   "Web 2.0" beinhaltet als umfassender Begriff technische, wirtschaftliche und rechtliche Aspekte des Wandels, während "Social Web" den durch die neuen Technologien ausgelösten inhaltlichen Wandel umschreibt. Das Social Web besitzt, als Teilmenge des Web 2.0, die gleichen Merkmale. "Social Media" hingegen bezeichnet die verschiedenen Nutzungsangebote im Web 2.0 (Vgl. Abb. 1, S. 73). Siehe Bräutigam (2011), S. 43-50. Siehe auch Ebersbach/ Glaser/ Heigl (2011), S. 27. Vgl. Hilker (2010), S. 11.

49   Tim O'Reilly, zitiert nach: Spiegel Special, 3/2007, S. 28. Vgl. Stanoevska-Slabeva (2008), S. 11.

50   Vgl. Weber/ Kopka (2010), S. 170-171. Vgl. auch Zerfaß/ Sandhu (2008b), S. 294. In dieser Arbeit wird wegen der besseren Verständlichkeit weiterhin vom "Nutzer" bzw. "User" die Rede sein, wohl wissend um seine veränderte Rolle.

51   Zerfaß/ Sandhu (2008b), S. 286.

52   Vgl. Busemann/ Gscheidle (2010), S. 359-368. Vgl. auch Alby (2007), S. 15-19

53   David (2010), S. 39.

zuschob ("push", engl. schieben), zieht sich der Prosumer im Web 2.0 nur jene Informationen heraus, die er haben möchte ("pull", engl. ziehen). Damit ändert sich die Aufgabe des Marketings grundlegend: Man kann den Anvisierten höchstens versuchen zu motivieren, sich bestimmte Inhalte anzuschauen, ihm diese aber nicht ohne weiteres zuteilen. Auf diesen Paradigmenwechsel in der Kommunikation[54] muss sich jedes Marketing heute einstellen und seine konkreten Maßnahmen darauf abstimmen. (Mehr dazu in Kap. 4.)

3.2 Welche Zielgruppen erreicht man über Web 2.0?

Grundsätzlich sollte geklärt werden, welche Zielgruppen sich wo im Internet aufhalten und wen man wo antreffen kann. Einen Überblick bieten aktuelle Umfrageergebnisse, im Folgenden der ARD-ZDF-Onlinestudie.

	täglich	wöchtl.	monatl.	Seltener	niemals
Private Netzwerke	17	16	4	2	61
Videoportale	9	21	15	12	42
Wikipedia	6	25	27	16	27
Berufliche Netzwerke	1	3	2	1	93
Foto-sammlungen	0	2	6	11	81
Lesezeichen-sammlungen	0	1	1	1	98
Weblogs	0	2	2	3	93
Twitter	0	1	0	2	97

Tabelle 1: Nutzungsfrequenz von Web 2.0 nach Angebotsformen (zumindest selten genutzt, in Prozent), Basis: Onlinenutzer ab 14 Jahren in Deutschland (n=1.252), Quelle: ARD/ZDF-Online-Studie 2010.

Betrachtet man die Nutzungsfrequenz von Web 2.0 nach Angebotsformen 2010 in Tabelle 1 fällt auf, dass der Micro-Blogging-Dienst Twitter vergleichsweise wenig frequentiert wird – von einem Prozent der Befragten wöchentlich, von

---

54 Zum Paradigmenwechsel in der Kommunikation siehe Rager/ Weber (2009), S 106 ff.

zwei Prozent seltener und von 97 Prozent nie. Weniger verbreitet sind nur noch Lesezeichensammlungen (98 Prozent nutzen diese nie). Aber auch Blogs und berufliche Netzwerke werden von jeweils 93 Prozent nie genutzt. Am häufigsten wird auf Wikipedia zugegriffen (27 Prozent monatlich und 25 Prozent wöchentlich; nur ein gutes Viertel nie), an zweiter Stelle auf Videoportale (wie YouTube), gefolgt von den privaten Netzwerken (täglich 17 Prozent, wöchentlich 16 Prozent; 61 Prozent nutzen sie nie).

Hier zeichnet sich eine wachsende Kluft zwischen den Angeboten ab: Während sich die Nutzung von Wikipedia, Videoportalen und privaten Netzwerken erhöht, sind die Nutzungsformen von Foto- und Lesezeichensammlungen, Weblogs und Twitter rückläufig und bedienen eine relativ kleine Zielgruppe.[55]

Des Weiteren ist zu differenzieren zwischen Männern und Frauen, die unterschiedliche Nutzungsformen des Social Web präferieren.

	Gesamt	Männer	Frauen
Wikipedia	73	76	70
Videoportale	58	66	50
Private Netzwerke	39	35	43
Fotosammlungen	19	18	20
Berufliche NW	7	8	5
Weblogs	7	9	6
Lesezeichensammlungen	2	2	2
Virtuelle Spielewelten	-	-	-
Twitter	3	4	2

Tabelle 2: Web 2.0- Nutzung 2010 nach Geschlecht (zumindest selten genutzt, in Prozent), Basis: Onlinenutzer ab 14 Jahren in Deutschland (n=1.252), Quelle: ARD/ZDF-Online-Studie 2010.

Es fällt auf, dass Männer das Web 2.0 in all seinen Ausprägungen stärker nutzen als Frauen dies tun. Eine Ausnahme bilden die privaten Communitys, die mit 43 Prozent deutlich häufiger von Frauen als von Männer (35 Prozent) besucht werden, berufliche mehr von Männern, nur Facebook ist mittlerweile ausgegli-

---

55   Busemann/ Gscheidle (2010), S. 361.

chen[56]. Lesezeichensammlungen besuchen beide Geschlechter gleich selten (2 Prozent).

Aber auch in Bezug auf das Alter unterscheidet sich die Nutzung der Web 2.0-Angebote:

	14-19 J.	20-29 J.	30-39 J.	40-49 J.	50-59 J.	ab 60 J.
Wikipedia	95	85	80	71	58	45
Videoportale	95	85	65	51	34	14
Private Netzwerke	81	65	44	20	17	9
Fotosammlungen	28	27	17	14	17	13
Berufliche Netzwerke	5	6	14	5	3	5
Weblogs	14	12	7	6	6	2
Lesezeichen-sammlungen	1	4	4	0	2	0
Virtuelle Spielewelten	-	-	-	-	-	-
Twitter	9	4	2	2	4	0

Tabelle 3: Web 2.0- Nutzung 2010 nach Alter (zumindest selten genutzt; in Prozent), Basis: Online-nutzer ab 14 Jahren in Deutschland (n=1.252), Quelle: ARD/ZDF-Online-Studie 2010.

Die 14- bis 19-Jährigen bilden – abgesehen von den beruflichen Netzwerken, die in diesem Alter nicht so sehr von Interesse sind – und den virtuellen Spielewelten bei allen Angeboten die größte Gruppe, dicht gefolgt von den 20- bis 29-Jährigen.[57] Laut ACTA sind 2011 sogar 74,3 Prozent der Mitglieder in sozialen Netzwerken zwischen 14 und 29 Jahre alt.[58]

Kernklientel auf Twitter sind die Teenager, von denen drei Prozent den Dienst nutzen.[59] Sie sind außerdem über Wikipedia, Video und private Netzwerke sehr gut erreichbar, wo sie mit den bis 29-Jährigen häufig anzutreffen sind. Aber auch die 30- bis 39-Jährigen besuchen diese noch oft. Erst bei den 40-Jährigen nimmt die Nutzungsfrequenz ab.[60]

---

56   Vgl. auch Bernet (2010), Abbildung, S. 132.
57   Busemann/ Gscheidle (2010), S. 361-362.
58   ACTA 2011: De Sombre (2011), S. 19.
59   Busemann/ Gscheidle (2010), S. 362.
60   Ebd., S. 365.

Hauptzielgruppe der beruflichen Netzwerke sind die 30- bis 39-Jährigen. Es sind überwiegend Männer, die ein Profil anlegen. Allerdings sind sie darüber hinaus nicht besonders aktiv auf der Plattform, es sei denn bei konkretem Anlass (z.B. Jobsuche).[61]

Zusammenfassend kann man sagen, dass über das Social Web gerade die 14- bis 39-Jährigen gut erreichbar sind. Das größte Potenzial liegt bei den 40- bis 49-Jährigen, die sich zunehmend für das Web 2.0 interessieren. Die Onliner ab 50 Jahren lassen sich am ehesten über Wikipedia, Videoportale und private Netzwerke und Fotosammlungen erreichen (siehe Tab. 3).

Drei Viertel aller Onliner nutzten Internetenzyklopädien. Über die Hälfte konsumiert Filme im Netz. Die Nutzung von privaten Netzwerken nimmt jährlich zu. Aber: Nicht mehr der Mitmachgedanke steht im Vordergrund, sondern gesucht werden – neben dem sozialen Austausch – vor allem Unterhaltung und Informationen.[62] Dieses Bedürfnis kann sich auch das Marketing eines Kunstmuseums nutzbar machen und mit entsprechenden Angeboten bedienen (z.B. unterhaltsame Podcasts über Ausstellungsaufbau, kleine Videospiele oder Rätsel zum Thema Kunst etc.)

Dieses Bild skizziert auch eine IBM-Umfrage 2011, wonach die User von Social Media gleich nach dem Kontakt zu Freunden und Familie (70 Prozent), dem Wunsch nach Neuigkeiten (49 Prozent) und nach Unterhaltung (46 Prozent) nachgehen (siehe Abb. 2). Interessant für ein Kunstmuseum mag außerdem noch der Wunsch nach dem Zugang zu Kritiken (39 Prozent) sein (z.B. von Ausstellungen, Veranstaltungen) und zu Bildung (22 Prozent), die auch ein Museum bietet: Auf ähnliche Ergebnisse kommt auch das Allensbach Institut 2011, laut deren Umfrage 39,2 Prozent der Onliner das Internet rezeptiv für Veranstaltungshinweise nutzen und 51,6 Prozent als Nachschlagewerk.[63] Diese bestehenden Bedürfnisse von Internetusern kann ein Kunstmuseum nutzen und inhaltlich auf sie Bezug nehmen.

---

61   Ebd., S. 361 & 364.
62   Ebd., S. 367.
63   Quelle: ACTA, Trendreihen 1998-2011, siehe Anhang, S. 114 ff.

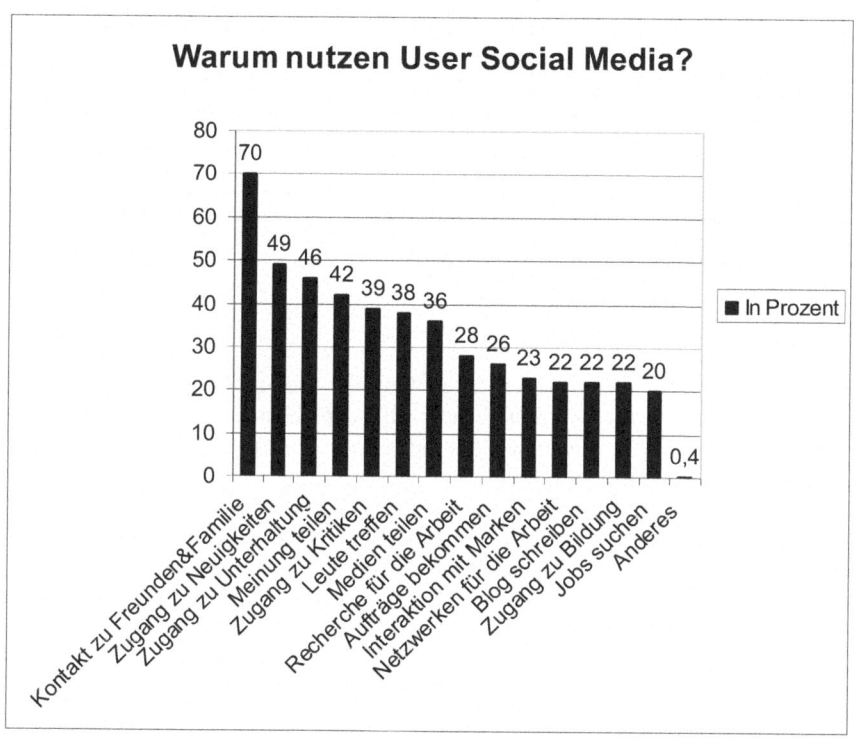

Abb. 2:   Warum nutzen User Social Media? (Sample size n=1.056), Quelle: IBM Institute for
            Business Value, CRM-Studie 2011

3.3 Relevante Web 2.0-Nutzungsformen

Mit Bezug auf die Kategorisierung der Web 2.0-Anwendungen nach ARD/ZDF-
Onlinestudie werden in dieser Arbeit folgende Social Web-Anwendungen aus-
führlich betrachtet:[64]

---

64 Google+ wird hier nicht bei den sozialen Netzwerken aufgeführt, weil es erst seit September
    2011 ohne Einschränkungen verfügbar ist. Aufgrund explosionsartiger Nutzerzahlen sollte
    seine Entwicklung unbedingt im Auge behalten werden. Zur Kategorisierung von Web 2.0-
    Anwendungen vgl. auch Stanoevska-Slabeva (2008), S. 5.

1. Onlineenzyklopädie Wikipedia

2. Soziale Netzwerke (Facebook, MySpace, VZ-Netzwerke, Xing)

3. Weblogs

4. Microblogging: Twitter

5. Video-Portal: YouTube

6. Podcasting (Audio und Video)[65]

7. Foto-Plattform: Flickr

Nicht nur sind dies die von deutschen Onlinern am meisten besuchten Nutzungsformen, sondern es sind auch jene, die von Kunstmuseen am häufigsten eingesetzt werden und sich nach Meinung der Autorin sinnvoll in ein Museumsmarketing integrieren lassen.[66]
Keine Beachtung finden hingegen Social Bookmark-Sammlungen (z.B. Delicous, Mister Wong, Furl, Digg), Location Based Services (z.b. Gowalla), Filesharing-Plattformen (z.b. Slideshare) und virtuelle Welten (z.b. "Second Life"), da diese von vergleichsweise wenigen Usern frequentiert und von Kulturbetrieben wenig genutzt werden.[67]

3.3.1 Wikipedia

3.3.1.1 Definition

Wikis sind Webseiten, auf denen das Wissen vieler Menschen mit Hilfe einfach zu editierender Softwareprogramme (offene Content Management Systeme) gemeinschaftlich genutzt werden kann. Das bekannteste und erfolgreichste Wiki im Internet ist derzeit Wikipedia[68], eine frei verfügbare, nicht-kommerzielle Online-Enzyklopädie mit nach eigenen Angaben insgesamt rund 17 Mio. Arti-

---

65 Podcasting ist zwar keine eigenständige Web 2.0-Nutzungsform, wird hier dennoch als einzelner Punkt aufgeführt, da die Nutzung im Rahmen eines Museumsmarketings von großer Bedeutung ist.
66 Zu Nutzerzahlen vgl. ARD/ZDF-Onlinestudie (2010). Zu Web 2.0 in Museen vgl. Schmidt (2010a).
67 Siehe Kaul (2010), S. 6 & 16. Nutzerzahlen von Lesezeichensammlungen, siehe Tab. 1-3, S 25-27 in diesem Buch.
68 Weinberg (2010), S. 198. Jaschniok (2007), S. 43. Vgl. Busemann/ Gscheidle (2010), S. 361.

keln in 270 Sprachen.[69] Gegründet wurde die Open-Source-Plattform 2001. Jeder Nutzer kann gleichzeitig auch Autor sein (also "Prosumer"), der Beiträge schreiben oder verändern kann, ohne dass eine Mitgliedschaft oder ein eigenes Profil notwendig wären. Typischerweise erfolgt die Kommunikation nicht zeitgleich, ist zweiseitig, viele-zu-vielen und es handelt sich um ein Pull-Medium.[70]
2010 haben 73 Prozent der Internet-User Onlineenzyklopädien frequentiert – im Vorjahr waren es 65 Prozent gewesen. 31 Prozent gebrauchten diese zur regelmäßigen Recherche (mindestens wöchentlich).[71] Damit sind Internet-Nachschlagewerke die beliebteste Web-2.0-Nutzungsform, die sogar von den ab 60-Jährigen viel genutzt wird (45 Prozent). Für Museen stellt Wikipedia eine gute Möglichkeit dar, ein breites Zielgruppenspektrum anzusprechen: Alt und Jung, Mann und Frau, alle nutzen die Wissensplattform, quer durch die sozialen Schichten.[72]
Überwiegend wird Wikipedia zum Nachschlagen genutzt. Nur wenige User stellen auch selbst Inhalte ein. Mit über einer Million Einträgen ist die deutsche Ausgabe die zweitgrößte nach der englischen.[73]

3.3.1.2. Anwendung

Nicht nur weil Wikipedia von sehr vielen Menschen benutzt wird, auch weil das Nachschlagewerk ein hohes Ansehen genießt und als Treffer bei einer Google-Suche ganz oben erscheint, ist es für jedes Museum von großer Bedeutung, mit einem – wenn möglich umfassenden und positiven – Eintrag vertreten zu sein.[74]
Die erste Hürde, überhaupt einen Eintrag zu bekommen, sollte für ein Kunstmuseum kein Problem darstellen, denn die enzyklopädische Relevanz

---

69 Online unter
    http://www.wikimedia.de/images/3/3c/T%C3%A4tigkeitsbericht_2010_online.pdf, abgerufen
    am 30.8.11.
70 Rager/ Weber (2009), S. xiii. Jaschniok (2007), S. 43-48. Vgl. Busemann/ Gscheidle (2010),
    S. 361
71 Ebd., S. 361.
72 Nur 27 Prozent der Onliner haben Wikipedia noch nie genutzt. Siehe online unter www.ard-
    zdf-onlinestudie.de, abgerufen am 11.7.11. Vgl. Hilker (2010), S. 51-53.
73 Wikipedia-Statistik (Stand: 30.4.11) siehe online unter
    http://stats.wikimedia.org/DE/Sitemap.htm, abgerufen am 30.8.11. Vgl. auch Busemann/
    Gscheidle (2010), S. 363.
74 Diesen Artikel sollte man mit einer Suchmaschinenoptimierung an vorderster Stelle in der
    Abfrage positionieren. Mehr zu diesem Thema siehe z.B.: Skiera/ Gerstmeier/ Stepanchuk
    (2008), S. 283-294.

eines Museums liegt auf der Hand.[75] Der Inhalt des Beitrags muss einem Lexikoneintrag entsprechen und darf nicht einem PR-Text gleichen. Entsprechend muss die Sprache daraufhin abgestimmt werden. Auf Inhalt und Länge des Textes hat man keinen Einfluss, ebenso wenig auf den Zugriff des Administrators. Man muss immer damit rechnen, dass der Beitrag zumindest gekürzt oder umgeschrieben wird, was eine engmaschige Beobachtung notwendig macht.[76] Sinnvollerweise verfolgt man die "Versionsgeschichte" und lässt sich per RSS-Feed über alle Veränderungen informieren.[77] Dadurch ist der Zeitaufwand zur Überprüfung des Eintrags im Hinblick auf Fehlinformationen überschaubar.

Die Vorteile eines Eintrags in der Online-Enzyklopädie sind, dass man jenseits von Homepage, Community-Profilen und Weblogs eine zusätzliche Präsenz im Netz hat, die glaubwürdig ist, ständig aktualisiert wird und aufgrund der Aufnahmekriterien auch eine gewisse Transparenz besitzt. Dadurch gewinnt ein Museum an Ansehen und mit ihm seine Ausstellungen, Künstler, Programmreihen, Aktionen etc. Mögliche Besucher finden schnell Informationen über die Institution und erhalten einen Überblick, beispielsweise zur Museumsgeschichte, zur Baugeschichte, den Besonderheiten der Architektur, über Höhepunkte in der Sammlung oder anstehende Sonderausstellungen etc. Darüber hinaus sind Querverbindungen möglich, z.B. inhaltliche zu einem ausgestellten Künstler oder einer Kunstrichtung, die einen Schwerpunkt in der Sammlung bildet; baugeschichtliche; zu den Personen, die im Museum arbeiten, zu Übersichtsartikeln, z.B. allgemein über Museen in bestimmten Regionen etc.[78]

Beispiele für Best Practice geben das Frankfurter *Städelmuseum*[79] und die *Berliner Museumsinsel*[80], deren umfassende Artikel vorbildlich mit 1.) einer hohen Fußnotendichte, 2.) ansprechenden Fotos und Abbildungen und 3.) einer starken Verlinkung mit anderen Wikipedia-Beiträgen und externen Internetseiten aufwarten.

---

75   Relevanzkriterien: http://de.wikipedia.org/wiki/Wikipedia:Relevanzkriterien, abgerufen am 30.8.11.
76   Online unter http://de.wikipedia.org/wiki/Wikipedia:Was_Wikipedia_nicht_ist, abgerufen am 30.8.11.
77   Vgl. Weinberg (2010), S. 200. Wie bei einem Abonnement kann man sich mittels RSS über Neuigkeiten auf einer Seite, in einem Blog etc. informieren lassen. Es handelt sich dabei um keine eigenständige Nutzungsform und kann nur eingebettet genutzt werden (auf der Homepage, in Wikipedia etc.). Zum RSS-Feed siehe Frank (2008), S. 566-568. Vgl. Bogula (2007), S. 179 f.
78   Weitere Infos zu Wikipedia siehe Jaschniok (2007).
79   Online unter http://de.wikipedia.org/wiki/St%C3%A4del, abgerufen am 2.9.11.
80   Online unter http://de.wikipedia.org/wiki/Museumsinsel_(Berlin), abgerufen am 2.9.11.

Während viele Einträge solide gemacht sind (z.b. *MMK Frankfurt*[81]), besteht bei anderen noch Handlungsbedarf, beispielsweise bei der *Staatsgalerie Stuttgart*, wo grundlegende Informationen zu Träger und Sammlungsgeschichte fehlen und die Liste der Fußnoten, Literaturhinweise und Links etwas kurz geraten ist.[82] Bei anderen Einträgen droht aufgrund einer stark werblich gefärbten Sprache (z.b. *Kunstmuseum Stuttgart*[83]) oder ausufernden, für Nutzer irrelevanten Auflistungen (z.b. *NRW-Forum Düsseldorf*[84]) der kürzende Eingriff der Administratoren.

Geschickt können beispielsweise Veränderungen im Museum (wie Umbau, Anbau, Sanierung, Direktorenwechsel, anstehende Sonderausstellung etc.) als Aufhänger genutzt werden, um den Wikipedia-Artikel zu aktualisieren. So hat beispielsweise die *Kunsthalle Mannheim* 2010 die Generalsanierung als Anlass für eine Aktualisierung genommen und 2011 eine 50 Mio. Euro-Spende.[85]

Problematisch für die Marketing-Abteilung ist hier der dem Web 2.0 inhärente "Kontrollverlust": Mitarbeiter eines Museums dürfen den Eintrag nicht selbst verfassen – das muss durch einen Außenstehenden erfolgen; Fußnoten, Literaturhinweise und Links müssen die Relevanz des Artikels untermauern.[86] Dennoch ist es wichtig, umfassendes Informationsmaterial, gute Fotos und ggf. Abbildungen verfügbar zu machen, um einen guten, detaillierten Eintrag zu ermöglichen.

Um herauszufinden, was die Besucher und vor allem auch die Nicht-Besucher vom eigenen Haus halten, ist es aufschlussreich, die mit dem Eintrag gekoppelte Diskussionsplattform zu besuchen, auf der sachliche Unstimmigkeiten diskutiert und bereinigt werden, sich aber auch Tipps und Informationen finden lassen.

Unter "Werkzeuge" wird weiteres Nützliches angeboten, wie z.b. Änderungen an verlinkten Seiten, Wartungslisten, Kategorienbaum, Weiterleitungen, Beobachtungsliste der letzten Änderungen, Zitierhilfe etc.

---

81 Online unter http://de.wikipedia.org/wiki/Museum_f%C3%BCr_Moderne_Kunst, abgerufen am 2.9.11.
82 Online unter http://de.wikipedia.org/wiki/Staatsgalerie_Stuttgart, abgerufen am 2.9.11.
83 Zitat: "Das Kunstmuseum Stuttgart wurde im März 2005 als „Nachfolgemuseum" der Galerie der Stadt Stuttgart eröffnet. Im ersten Jahr nach der Eröffnung des Hauses wurden 330.000 Besucher gezählt. Damit hat das Kunstmuseum sogar die Staatsgalerie in Stuttgart überflügelt (Quelle: Stuttgarter Zeitung). Seine exponierte Lage in der Fußgängerzone Königstraße trägt ebenso dazu bei wie die außergewöhnliche Architektur eines die Ausstellungsräume umhüllenden strengen Glaskubus." Online unter http://de.wikipedia.org/wiki/Kunstmuseum_Stuttgart, abgerufen am 2.9.11.
84 Online unter http://de.wikipedia.org/wiki/NRW-Forum, abgerufen am 2.9.11.
85 Online unter http://de.wikipedia.org/wiki/Kunsthalle_Mannheim, abgerufen am 2.9.11.
86 Siehe auch Weinberg (2010), S. 198 ff.

Sehr interessant für das Marketing ist die mögliche Messung von Zugriffen auf die Wikipedia-Beiträge (unter http://stats.grok.se/). Da jedoch auch wiederholte Aufrufe gezählt werden, ist dieses Statistik-Instrument nur für das Aufzeigen grober Tendenzen nutzbar.[87]

Weil insgesamt die Möglichkeiten gering sind, "auf Aktivitäten und Inhalte der Nutzer steuernd Einfluss zu nehmen", wird Wikipedia von Kultureinrichtungen bislang nur in geringem Umfang genutzt.[88]

3.3.2 Soziale Netzwerke

3.3.2.1 Definition

Soziale Netzwerke ermöglichen die Kommunikation der Mitglieder untereinander, den Austausch von Gleichgesinnten. Ziel ist die Kontaktpflege. Üblich ist als Voraussetzung das Anlegen eines Profils, damit man Zugang erhält und Informationen von anderen Usern anschauen darf und sich mit diesen vernetzen kann.[89] Die Mitgliedschaft ist meist kostenlos, Zusatzfeatures müssen teilweise bezahlt werden (z.B. bei Xing).[90]

Was die sozialen Netzwerke so attraktiv macht sowohl für User als auch für ein Museumsmarketing, ist die Vielfältigkeit der Kommunikations-Dienstmerkmale: Sowohl können viele-zu-vielen, als auch einer-zu-vielen oder viele-zu-einem kommunizieren. Netzwerke sind als Push- und als Pull-Medium einsetzbar (beispielsweise Verteilen der Infos über Listen, aber auch Einträge auf der eigenen Pinnwand).

Die sozialen Netzwerke werden insgesamt von 30 Mio. Menschen in Deutschland genutzt.[91] Laut ACTA 2010 ist der Anteil der Community-Mitglieder in allen Altersgruppen gestiegen (siehe Abb. 3). 2011 sind über 40 Prozent der deutschen Bevölkerung Mitglied in mindestens einem sozialen Netzwerk.[92] Die größte Gruppe innerhalb der Netzwerke sind die Teenager, von

---

87   Online unter http://www.kulturgeist.com/, abgerufen am 30.8.11.
88   Kaul (2010), S. 6. Online
      http://www.feltencie.com/dokumente/Social_Media_Kultur_ZHAW.pdf,   abgerufen   am
      2.9.11. Das Institut für Museumsforschung zählte 2009 insgesamt 653 Kunstmuseen in
      Deutschland. Bei Wikipedia tauchen in der Liste der Kunstmuseen 125 auf, also 19 Prozent.
      Einen Artikel besitzen nur 100. Online unter
      http://de.wikipedia.org/wiki/Liste_deutscher_Museen_nach_Themen#Kunst,   abgerufen   am
      27.11.11.
89   Busemann/ Gscheidle (2010), S. 361.
90   Ebd., S. 361. Vgl. auch Weinberg (2010), S. 167.
91   Hilker (2010), S. 31.
92   ACTA 2011: De Sombre (2011), S. 19.

denen 67 Prozent mindestens in einer Community Mitglied sind. Bei den Twens sind es noch 60 Prozent.

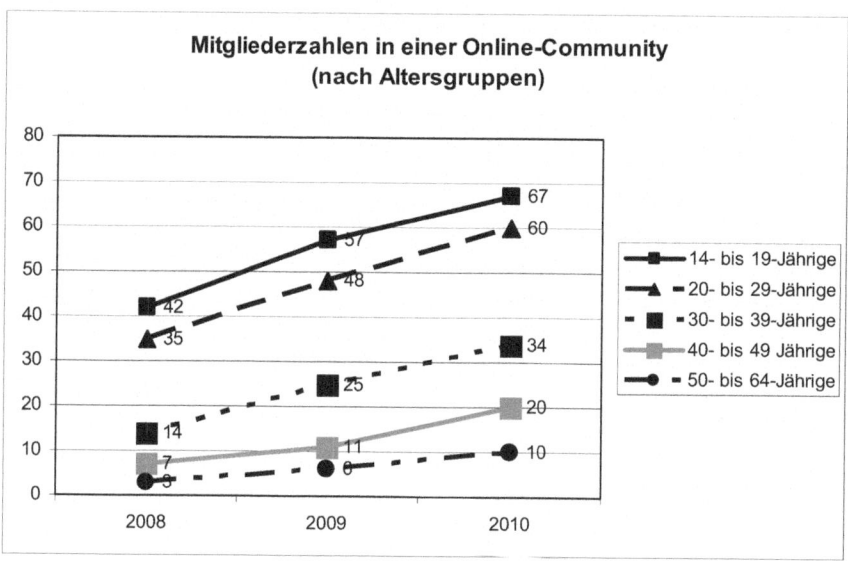

Abb. 3:   Anteil der Community-Mitglieder nach Altersgruppen (in Prozent), Basis: Bevölkerung der BRD zw. 14 & 64 Jahren, Quelle: ACTA 2010.

Man unterscheidet zwischen privaten (Facebook, MySpace, VZ) und berufli-chen Plattformen (Xing, LinkedIn[93]). Vor allem die *privaten Communitys* ver-zeichnen steigende Nutzerzahlen: 2010 werden 39 Prozent gelegentliche Nutzer gezählt, die mindestens in einem Netzwerk ein Profil unterhalten. 34 Prozent sind sogar regelmäßige Anwender. 87 Prozent schauen mindestens einmal pro Woche in ihren Account.[94]

Die Nutzung von *beruflichen Communitys* ist rückläufig: Gerade mal fünf Prozent nutzen diese (mindestens wöchentlich), 93 Prozent nutzen sie nie. Zu-dem ist die Nutzung oft anlassbezogen (z.B. Jobsuche, Stellenwechsel), wird stärker von Männern frequentiert (acht Prozent, Frauen nur fünf Prozent) und am meisten von den 30- bis 39-Jährigen, was sich durch den Lebenszyklus er-

---

93   Das berufliche Netzwerk LinkedIn erfreut sich zwar in Amerika großer Beliebtheit, spielt in Deutschland bisher jedoch eine untergeordnete Rolle.
94   Busemann/ Gscheidle (2010), S. 361, 362 & 364.

klärt, da man in diesem Alter die häufigsten Wechsel der Arbeitsstelle aufweist. Geschäftliche Informationen stehen klar im Vordergrund.[95]

Bei allen Netzwerken, ob beruflich oder privat, sind für das Marketing vor allem folgende Aspekte der Nutzung interessant:

1. Profil präsentieren
2. Vernetzungen herstellen (→ Gemeinschaft erzeugen)
3. Kommunikation anstoßen (→ in Dialog treten)

Für ein Museum bieten soziale Netzwerke die Möglichkeit, sich jenseits der Homepage darzustellen. Es ergeben sich daraus unterschiedliche Chancen der Verbindungen mit anderen Institutionen und Personen. Zudem kann der Dialog mit unterschiedlichen Stakeholdern gesucht werden, ggf. in verschiedenen Netzwerken.[96]

3.3.2.1 Facebook

Definition

Das 2004 an der Universität Harvard ins Leben gerufene Netzwerk war anfangs nur für die Studenten gedacht. Seit 2008 existiert auch eine deutsche Version.[97] Auf Facebook können Menschen weltweit miteinander in Kontakt treten und auf verschiedene Arten kommunizieren (E-Mails verschicken, chatten, sich verlinken, Fotos und Videos hochladen, bei Freunden auf die Pinnwand schreiben etc.). Voraussetzung ist, dass man ein eigenes Profil anlegt. Über eine Fanseite ist es auch möglich, dass Veranstalter mit den Mitgliedern kommunizieren.[98] Neben einem Eventkalender existiert zudem eine Vielzahl von Möglichkeiten, wie man die Facebook-Seite mit anderen Anwendungen verbinden kann, z.B. Verweise auf Blogs, Twitter-Stream, Newsletter bestellen.[99]

Facebook ist das beliebteste Social Media-Netzwerk: Weltweit zählt es nach eigenen Angaben über 600 Mio. Mitglieder, in Deutschland über 20 Mio.

---

95   Busemann/ Gscheidle (2010), S. 361, 362 & 364.
96   Vgl. Weinberg (2010), S. 167.
97   Holzapfel (2010), S. 18ff. (Umfassender Ratgeber für die konkrete Nutzung von Facebook.)
98   Ebd., S. 18 ff. Vgl. Hilker (2010), S. 33-35. Vgl. auch
      http://de-de.facebook.com/facebook?ref=pf#!/facebook?v=info&ref=pf, abgerufen am 3.9.11.
99   Vgl. Schmidt (2010a), S. 23.

Die Hälfte der User besucht die Internetplattform täglich.[100] Die größte Anzahl
der Nutzer ist zwischen 18 und 35 Jahre alt – der Altersdurchschnitt liegt bei 28
Jahren. Die Gruppe der über 35-Jährigen ist jene, die derzeit am schnellsten
wächst.[101] (Siehe Abb. 4.)

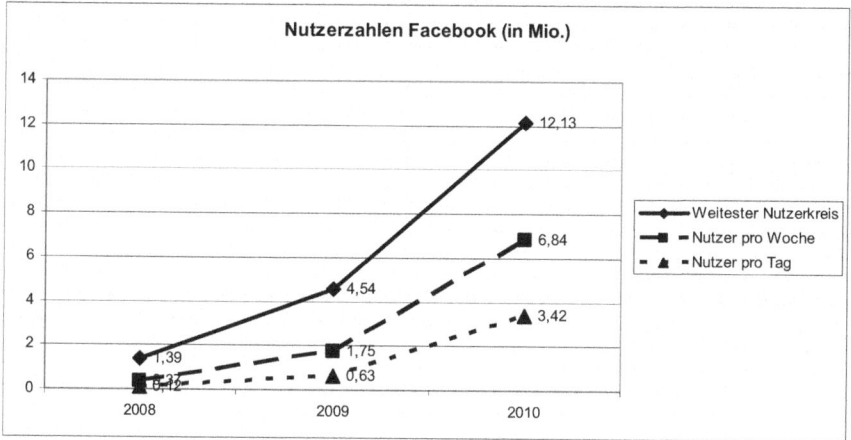

Abb. 4:   Nutzerzahlen bei Facebook (in Mio.), Basis: Bevölkerung der BRD zw. 14 & 64 Jahren,
           Quelle: ACTA 2010.

Facebook nimmt unter den sozialen Netzwerken insofern eine Sonderstellung
ein, als es zwar als privates Netzwerk geführt wird, sich jedoch eine Vermischung von beruflichen und privaten Anliegen beobachten lässt, die charakteris-
tisch ist für die Entwicklung des gesamten Web 2.0.[102]

---

100   Nutzer-Daten online unter http://allfacebook.de/zahlen_fakten/facebook-deutschland-nutzer
      zahlen-im-mai-2011, abgerufen am 3.9.11.
101   Rentsch (2010) S. 3-4. Vgl. Busemann/ Gscheidle (2010), Tab. 8, S. 364.
102   Im Web 2.0 lässt sich immer schlechter die Trennung von Beruf und Privatleben aufrecht-
      erhalten. So funktioniert auch Facebook am besten über eine Form der Personalisierung. Das
      bedeutet, dass beispielsweise ein Museumsmitarbeiter sich mit seinem Gesicht in den Dienst
      des Museums stellt. Vgl. Henner-Fehr (2011). Vgl. Rager/ Weber (2009), S. 111. Vgl. Scheu-
      rer / Spiller (2010), S. 10.

Anwendung

Auch unter den Museen ist Facebook das beliebteste soziale Netzwerk[103] Die Übersichtlichkeit und leichte Handhabung der Seiten macht seine Attraktion aus. Das wichtigste Marketingwerkzeug innerhalb des Netzwerks ist das Profil.[104] Museen können ein Profil als Ort anlegen, aber auch als Person oder als Gruppe.[105]

Darunter ist das Einstellen einer Seite als Ort der Klassiker für Museen[106], weil die Möglichkeiten zur Präsentation umfassend sind: Detaillierte Beschreibungen können gegeben werden, dazu ein Serviceteil (mit Adresse, Öffnungszeiten etc.).[107] Man kann unkompliziert und direkt auf Ausstellungen, Führungen, Workshops u. Ä. hinweisen und entsprechende Fotos hochladen. Auf der Pinnwand können die "Gäste" Nachrichten hinterlassen und untereinander in Dialog treten.[108]

Außerdem präsentieren sich immer mehr Häuser zusätzlich als Person, z.B. die Kunsthallen in Basel, Mainz, Winterthur, das Kunstmuseum Mülheim.[109]

Andere, wie die *Kunsthalle Mannheim*, geben sich als Person einen neuen Namen ("Nana Ma", nach der "Nana"-Skulptur von Niki de Saint Phalle aus der eigenen Sammlung und dem Autokennzeichen "MA" für Mannheim) und nutzen dieses Profil für bestimmte Aktionen (wie "Ein Tag/ Ein Werk").[110] Jedoch

---

103 Rund 70 Prozent der Museen präsentieren sich in Facebook. Siehe Schmidt (2010a), S. 11.
104 Weinberg (2010), S. 167.
105 Wie man eine Facebook-Seite erstellt siehe unter http://www.facebook.com/pages/create.php. Hilfe findet man unter http://www.facebook.com/help/?page=1030&hloc=en_US, abgerufen am 3.9.11.
106 Laut Schmidt (2010a) haben ein Profil als Person 6 Prozent, als Gruppe 13 Prozent und als offizielle Orts-Seite 81 Prozent (S. 20.) Achtung: Reklamiert man die Orts-Seite nicht für sich, kann jeder User sie editieren!
107 Ein schönes Beispiel ist das Kunstmuseum Stuttgart auf Facebook, online unter http://www.facebook.com/search.php?q=Kunstmuseum&init=quick&tas=0.05692571171889471&search_first_focus=1315301884031&type=users#!/KunstmuseumStuttgart, abgerufen am 6.9.11.
108 Laut Schmidt (2010a) nehmen Kultureinrichtungen nur einmal pro Woche Kontakt mit ihren Fans auf (S. 22).
109 Zum Vergleich: Das Kunstmuseum Mülheim an der Ruhr als Ort: online unter http://www.facebook.com/KunstmuseumStuttgart#!/pages/Kunstmuseum-M%C3%BClheim-an-der-Ruhr/146760412033723, und als Person online unter http://www.facebook.com/search.php?q=Kunstmuseum&init=quick&tas=0.05692571171889471&search_first_focus=1315301884031&type=users#!/KunstmuseumStuttgart, abgerufen am 6.9.11.
110 Offizielle Facebook-Seite online unter http://www.facebook.com/pages/Kunsthalle-Mannheim/158351007531820#!/pages/Kunsthalle-Mannheim/158351007531820. Profil als Person siehe online unter

läuft ein zusätzlicher Kunstname wider jede Corporate Identity: Er verwirrt, da nicht jeder ihn entschlüsseln kann.

Eine clevere Lösung hat das NRW-Forum Düsseldorf gefunden, das als Person ebenfalls unter dem Namen "NRW-Forum" auftaucht, aber mit dem Foto von Direktor Werner Lippert, der auf dieser Seite selbst schreibt. Diese Form der Personalisierung kann sich positiv auf die Besucherbindung auswirken.[111] Darüber hinaus liefert das Düsseldorfer Museum mustergültig mit einer so genannten "Landing Page" eine zentrale Anlaufstelle in Facebook, auf die auch Nicht-Mitglieder zugreifen können.[112]

Angebracht kann das zusätzliche Auftreten als geschlossene Gruppe sein, beispielsweise für den Förderverein eines Museums, zu dem nur die Mitglieder Zutritt erhalten sollen. Der Beitritt muss beantragt werden bzw. der Administrator kann Personen einladen. Ein Beispiel hierfür ist der Förderkreis des Kunstmuseums Ahlen oder auch die themenbezogene Gruppe "Museum Web 2.0er".[113] Andere Gruppen sind für alle Interessierte zugänglich, z.B. der "Art Club" der jungen Freunde des Kunstmuseums Wolfsburg.[114]

Ein Auftritt als Gruppe kann auch dann sinnvoll sein, wenn es sich um ein zeitlich begrenztes Projekt handelt, wie zum Beispiel bei der *Temporären Kunsthalle Berlin*[115] oder für eine konkrete Aktion, wie beispielsweise "Your Kunstmuseum Bonn wants you"[116]

Eben weil sich in den Gruppen, die als das "Urgestein in Social Networks"[117] gelten, Kommunikation auf Themen bezogen vollzieht, sind sie für das Marketing von Interesse. Wo sich relativ viele Menschen innerhalb kürzester Zeit spontan mit gleichen Interessen treffen, um auf inhaltlicher Ebene zu

---

111   Online unter http://www.facebook.com/kunsthalle.krems#!/nrwforum, abgerufen am 7.9.11.
112   Online unter http://www.facebook.com/nrwforumduesseldorf, abgerufen am 7.9.11.
113   Online unter
      http://www.facebook.com/search.php?q=Kunstmuseum&init=quick&tas=0.056925711718894
      71&search_first_focus=1315301884031#!/group.php?gid=107154492648394 und
      http://www.facebook.com/groups/139168352800567/, abgerufen am 19.9.11.
114   Online unter
      http://www.facebook.com/search.php?q=Kunstmuseum&init=quick&tas=0.056925711718894
      71&search_first_focus=1315301884031#!/group.php?gid=87797548273, abgerufen am
      6.9.11.
115   Online unter
      http://www.facebook.com/search.php?q=Kunstmuseum&init=quick&tas=0.056925711718894
      71&search_first_focus=1315301884031#!/group.php?gid=49245497037, abgerufen am
      6.9.11.
116   Bürgeraufruf im Rahmen von "Bonn packt's an", online unter
      http://www.facebook.com/search.php?q=Kunstmuseum&init=quick&tas=0.056925711718894
      71&search_first_focus=1315301884031#!/groups/157191120997370/, abgerufen am 6.9.11.
117   Holzapfel (2010), S. 98.

diskutieren[118], kann man auch gezielt Kunstinteressierte aufspüren, die vielleicht potenzielle Museumsbesucher sind. Wenn noch keine Gruppe mit dem entsprechenden Inhalt existiert, ruft man selbst eine ins Leben.[119]

Facebook funktioniert vor allen über Vernetzung. Um also möglichst viele Menschen zu erreichen, muss man seine Gefolgschaft stetig weiter ausbauen. Um für die eigene Institution mehr Fans zu gewinnen, gibt es einige allgemein gültige Maßnahmen:[120]

- Einbindung der Facebookseite in die eigene Homepage
- Seite mit den relevanten Begriffen gestalten (damit sie bei einer Suche erscheint)
- Suchmaschinenoptimierung[121]
- Eigene Applikationen, die dem Nutzer Spaß oder anderen Mehrwert bringen
- Word-of-Mouth-Specials (ungewöhnliche Aktionen, die sich herumsprechen)
- Crossmedia (mit anderen Maßnahmen in Einklang bringen)
- Targeting 2.0 (gezielte Werbeanzeigen auf Facebook schalten, um z.b. Männer zwischen 30 und 40 Jahren anzusprechen; ist jedoch relativ teuer)

Über Facebook kann man eine Art "Mundpropaganda" anstoßen, die sonst in diesem Umfang nicht möglich wäre. Diesen Dialog kann man anregen, in dem man entsprechenden Content einstellt.[122] Zwar lässt sich nicht kontrollieren, was wo wie über die eigene Institution gesprochen wird, wohl aber kann man am Dialog teilhaben.[123]

Ein Vorteil von Facebook: Man muss keine E-Mails verschicken und man braucht keinen Verteiler, sondern man teilt Infos, Fotos, Videos mit seinem gesamten Netzwerk bzw. über Listen vorsortierten "Freunden", was Zeit sparen hilft. Der Nachteil daran ist, dass man in diesem Pull-Medium weniger Kontrol-

---

118 Ebd., S. 48 & 99. Wie man eine Gruppe findet, sie gründet oder ihr beitritt siehe online unter http://allfacebook.de/features/neu-facebook-gruppen-ein-kurze-zusammenfassung-der-neuen-features. Siehe auch http://www.helpster.de/facebook-gruppen-suchen_30104, abgerufen am 6.9.11.

119 Holzapfel (2010), S. 48. Mehr zum Thema "Gruppen" siehe Schwindt (2010), S. 167-188.

120 Siehe Holzapfel (2010), S. 86-87.

121 Professionelle Unterstützung ist teuer. Es existieren aber auch günstige Tools zum Selbermachen. Mehr zum Suchmaschinen-Marketing siehe Frank (2008), S. 566-568.

122 Z.B. kann der Tod von Lucien Freud als Anlass dienen, um eine Diskussion über die Bedeutung von gegenständlicher Malerei für die Kunst des 20. Jahrhunderts anzuregen.

123 Vgl. Rentsch (2011), S. 3-4.

le über die Verteilung der Inhalte hat, als im Vergleich dazu bei einem Mailverteiler (Push-Medium).[124]

Die standardisierten Seiten lassen sich bis zu einem gewissen Grad individuell gestalten, wodurch die Einzigartigkeit einer Institution durch eine spezifische Optik betont werden kann.[125] Um den Wiedererkennungswert zu erhöhen, ist das Einbinden von Logos sinnvoll. Darüber hinaus lassen sich Links zu anderen Media-Kanälen anlegen.[126]

Eine Online-Umfrage von "MuseumsNext" 2011 ergab, dass über Facebook die Museumsbesucher zwischen 25 und 35 Jahren gut erreichbar sind. Die Mehrzahl der Befragten war außerdem Fan von anderen Kulturinstitutionen [127] Hier bestehen Möglichkeiten der Zusammenarbeit der Institutionen und Cross-Promotion.

Um mehr zu erfahren über die User, ist der Einsatz des Statistik-Tools auf Facebook möglich.[128] Hier erhält man Auswertungen über die Anzahl der Fans, täglich neue Nutzer, Anzahl der Seitenaufrufe, Interaktionen, Kommentare, Pinnwandeinträge, demografische Daten (Alter, Geschlecht), Tab-Views (welcher Reiter wurde wie oft betrachtet), External Referrer (über welche Seiten kam der Nutzer auf die Facebook-Seite), den Medienkonsum (Audio-, Video-, Foto-Wiedergaben) etc.[129]

Auf Facebook gibt es viele Möglichkeiten, mit den Leuten ins Gespräch zu kommen. Die meisten User halten sich dort privat auf – ein Aspekt, den man in seine Art der Kommunikation einbeziehen sollte.[130] Was suchen die Menschen auf Facebook?

> Die Nutzer wünschen sich Spaß und Unterhaltung (…) Die Kunst besteht darin, Maßnahmen zu schaffen, die eine Brücke zwischen den Wünschen und Verhaltensmustern der Nutzer auf Facebook und den Inhalten schlägt, die ein Unternehmen transportieren will.[131]

---

124 Holzapfel (2010), S. 34 ff.
125 Ebd., S. 81. Die Programmiersprache FBML (Facebook Markup Language) entspricht HTML. Man kann z.B. den Reiter "Info" ersetzten durch "Über uns" u. Ä.
126 Empfehlenswert ist außerdem das Installieren einer Vanity-URL, damit die Seite bei Google-Suchabfragen auftaucht. Vgl. Schmidt (2010a), S. 23.
127 Richardson (2011). Vgl. Bernet (2010), S. 132.
128 Statistiktool, um mehr zu erfahren über die User, online unter http://www.facebook.com/insights/.
129 Holzapfel (2010), S. 158-160. Des Weiteren empfehlen Klaus und Felix Holzapfel eine Logfile-Analyse der eigenen Homepage und Google Analytics als Ergänzung der statistischen Daten.
130 Tipps, wie man Gespräche auf Facebook beginnen kann, findet man beispielsweise in: Schwindt (2010), S. 77-110.
131 Holzapfel (2010). S. 134.

Weitergedacht bedeutet das, dass man nicht nur kommunizieren sollte, was die eigene Organisation gerade macht, sondern thematisch Bezug nehmen auf andere, z.b. andere kulturelle Events in der Stadt.[132] Verweise auf Aktionen, die für die "Fans" interessant sein könnten, und nicht direkt mit dem eigenen Museum zu tun haben, machen ein Facebook-Mitglied spannend und glaubwürdig. Ziel ist es, Kommentare herauszufordern und Diskussionen anzuregen. Dazu muss man aktiv auf die Fans zugehen, sie nach ihren Meinungen fragen und so eine Beziehung aufbauen. Doch dieser Aspekt wird bisher von Kultureinrichtungen wenig ausgeschöpft. "Ein kontinuierlicher proaktiv geführter Dialog mit den Fans scheint nicht Schwerpunkt der Facebook-Aktivitäten zu sein."[133]

Unvermeidlich sind Personalisierungen, sei es über Direktoren, Wissenschaftler, Kuratoren, Kunstvermittler, Restauratoren oder andere Mitarbeiter – jeder kann über seinen Fachbereich etwas sagen. Das Problem dabei ist jedoch, dass nicht jeder Mitarbeiter mit seinem Gesicht für das Museum stehen will und oft gibt es Schwierigkeiten in der Wahl eines Stellvertreters für die Institution.[134] Eine findige Idee hatte dazu das Berliner *Pergamonmuseum*, welches eine Skulptur namens Hans Huckebein aus der Ausstellung "Die geretteten Götter aus dem Palast von Tell Halaf" berichten lässt.[135]

Allerdings gewähren, laut Schmidt, Kultureinrichtungen bisher noch viel zu selten einen Blick auf ihr Innenleben "und weichen von den Standard-Ankündigungen ab. Eine Sprache, die von der üblichen PR-Rhethorik abweicht, wäre wünschenswert." Nur so könne man Menschen begeistern und erreichen.[136]

Dabei birgt Facebook ein großes Potenzial, vor allem weil es diverse Nutzungsformen in sich vereint. Tatsächlich scheint es sich zu einem "All-in-one"-Medium zu entwickeln und wird schon als "Web im Web"[137] bezeichnet. Dafür sprechen die steigenden Zahlen des Netzwerks und auch die sinkenden von YouTube, MySpace und Flickr.[138]

Jedoch ist seit kurzem mit Google+ ein starker Konkurrent angetreten. Laut Presseangaben explodieren die Nutzerzahlen. Im September 2011 war schon

---

132 Z.B. empfahl die Kunsthalle Mannheim den Besuch der Eröffnung zum Performance-Festivals "Wunder der Prärie" einer freien Künstlergruppe. Auf Facebook am 5.9.11. Online unter http://www.facebook.com/pages/Kunsthalle-Mannheim/158351007531820, abgerufen am 20.9.11.
133 Schmidt (2010a), S. 24.
134 Vgl. Rager/ Weber (2009), S. 111. Vgl. auch Henner-Fehr (2011).
135 Online unter http://www.facebook.com/gerettetegoetter, abgerufen am 18.11.11.
136 Schmidt (2010a), S. 25.
137 Schwindt (2010), S. 299.
138 Busemann /Gscheidle (2010), S. 366. Vgl. Bernet (2010), S. 131.

von über 20 Mio. Nutzern die Rede, wobei Facebook bisher keinen Einbruch der Zahlen verzeichnet.[139]
    Facebook versucht sich derweil weiter auszudehnen mit dem Open-Graph-Protokoll, das es ermöglicht, zu sehen, was die virtuellen und "realen" Freunde, Kollegen, Bekannten etc. gerade nicht nur auf Facebook, sondern überhaupt im Netz so machen. "Mit dem Social Graph hat Facebook die Vernetzungsmöglichkeiten über die eigene Plattform hinaus um ein Vielfaches erweitert und holt damit immer mehr Teile des Webs zu sich herein."[140] Damit werden Kontakte zwischen Menschen über mehrere Webseiten möglich und ein Like-Button (wie auf Facebook) für das gesamte Internet.[141]

3.3.2.2 MySpace

Definition

MySpace war bis 2008 das beliebteste soziale Netzwerk und wurde dann von Facebook in Bezug auf die Nutzerzahlen überholt. Um persönliche Informationen der anderen User zu erhalten, ist eine kostenfreie Registrierung notwendig (wenngleich dies hier häufig unter Fantasienamen erfolgt). Es können Fotos und Videos hochgeladen, Blogs und Gruppen eingerichtet werden. Zudem besteht die Option, einen Twitter-Stream einzubinden. Zwar sind die Seiten im Vergleich zu Facebook stärker individualisierbar, doch wirken sie daher auch oft unübersichtlich und wenig strukturiert.[142]
    Anfangs wurde die Plattform vor allem von Musikern genutzt. Mittlerweile suchen die User dort nicht nur Musik, sondern vor allem neue Bekanntschaften und tauschen sich über Musik, Videos und Spiele aus.[143] 2010 waren rund fünf Mio. Deutsche registriert – vier Prozent weniger als im Vorjahr.[144] Der Kern der Nutzer ist zwischen 18 und 35 Jahre alt und eher männlich als weiblich.[145]

---

139 Da bisher keine Abwanderungstendenzen von Facebook zu Google+ festzustellen sind, scheint es, dass die User (zumindest vorerst) Google+ zusätzlich bespielen. Online unter http://www.n-tv.de/technik/Ist-Google-ein-Flop-article4356136.html. Siehe auch http://www.hna.de/netzwelt/netzwelt-lokal/millionen-nutzer-google-macht-facebook-nervoes-1349701.html, beide abgerufen am 1.12.11.
140 Schwindt (2010), S. 299.
141 Ebd.
142 Weinberg (2010), S. 180 f. Vgl. Schmidt (2010a), S. 26. Vgl. Bernet (2010), S. 132-133.
143 Weinberg (2010), S. 180 f. Siehe auch Schmidt (2010a), S. 26. Vgl. auch Bernet (2010), S. 132-133.
144 Laut ComScore-Umfrage 2010, zitiert nach Hilker (2010), Grafik, S. 32.
145 Vgl. Bernet (2010), S. 132-133.

Anwendung

Auf MySpace können Veranstaltungen publik gemacht (z.B: Ausstellungseröffnungen, Führungen etc.) und Fotos oder Videos von Events (z.B. mit Hintergrundgeschichten) eingestellt werden. Positiv zum Einsatz kommen die vielfältigen Optionen zur Gestaltung der Profilseite und die Möglichkeit eines Blogs. Abgesehen von einer Verknüpfung mit Twitter werden jedoch Anwendungen von Fremdanbietern nicht unterstützt. Auch das Setzen von Links ist nicht möglich, was eine Nutzung des Netzwerks stark beeinträchtigt. Während MySpace für Kulturinstitutionen, die mit Musik zu tun haben, Sinn macht, ist es für das Marketing eines Kunstmuseums nicht zwingend.[146]

Tatsächlich spiegelt sich diese Einschätzung auch in der Studie von Schmidt wider: Nur 16 Prozent der Museen setzen die Plattform ein, überwiegend jedoch als weniger gepflegtes Neben-Netzwerk zu Facebook oder Twitter.[147]

Anlassbezogen kann MySpace jedoch eine sinnvolle Ergänzung darstellen, wenn z.B. eine Band live im Museum spielt oder ein DJ bei einem Kunst-Event auflegt.[148] Hier kommt zudem die Frage nach der Authentizität ins Spiel: Nur wenn man es schafft, das eigene Profil stimmig aufzubauen, wird auch die Ansprache gelingen.

Da auf MySpace eine junge Zielgruppe angesprochen werden kann, die sich zumindest für Kultur interessiert (wenn auch mit Schwerpunkt auf Musik), so ist ein Austausch denkbar. Ggf. lassen sich Manche auch für andere Kulturrichtungen interessieren.[149]

3.3.2.3 VZ-Netzwerke

Definition

Die VZ-Netzwerke sind reine Freizeitcommunitys, die untergliedert sind für Studierende und Absolventen (www.studivz.net), Schüler (www.schuelervz.net) und für alle 18- bis 29-Jährigen (FreundeVZ, vormals www.meinvz.net). Auch hier legt man ein kostenloses Profil an und speist persönliche Daten ein, um sich mit Freunden, alten Schulkameraden etc. zu verlinken, Gruppen beizutreten und

---

146 Weinberg (2010), S. 181-183.
147 Schmidt (2010a), S. 26 & 28.
148 Z.B. Konzert von "Chicks on Speed" im Frankfurter Städel, online unter
     http://www.myspace.com/radioxfrankfurt/photos/649911#%7B%22ImageId%22%3A649911
     %7D, abgerufen am 8.9.11.
149 Vgl. Bernet (2010), S. 132-133.

externe Anwendungen integrieren zu können. Wie bei MySpace kann man Veranstaltungen eintragen, Fotos und Videos einstellen. Darüber hinaus gibt es eine Microblogging-Funktion ("Buschfunk") und die Möglichkeit für Unternehmen, sich ein spezielles Profil zuzulegen.[150]

Nach einem Relaunch Ende 2011 wartet jedes Netzwerk nun mit einer maßgeschneiderten Funktion auf: das virtuelle Klassenzimmer im SchuelerVZ, Lehrveranstaltungen im StudiVZ und die Planung des Nachtlebens bei FreundeVZ.[151]

Das soziale Netzwerk (2005 in Berlin gegründet) erfreute sich anfangs großer Beliebtheit. 2010 zählten die drei Netzwerke zusammen 21,4 Mio. Mitglieder, davon geschätzte 16 Mio. aktiv.[152] Doch 2011 zählt man nur mehr 17 Mio.[153] Laut ACTA sind pro Woche noch etwa 7,2 Mio. Nutzer aktiv.[154] Die einzelnen Netzwerke mussten im Vergleich zum Vorjahr einen Einbruch von zwischen minus 15 und 25 Prozent vermelden.[155] Zudem ist die Akzeptanz von StudiVZ unter Studenten schlecht – es gilt als zu kommerziell.[156]

Anwendung

Die drei VZ-Netzwerke werden überwiegend im privaten Bereich genutzt. Daher ist die Nutzerquote durch Kulturinstitutionen sehr gering: Nur 13 Prozent der Museen nutzen dieses Angebot – und das auch nur ergänzend zu ihren Facebook- oder Twitter-Accounts.[157]

Für das Marketing sind die VZ-Netzwerke insofern interessant, als man eine gut umrissene Zielgruppe erreichen kann mit relativ wenigen Streuverlusten.[158] Gerade die relativ gezielte Ansprache von Schülern, Studenten oder Auszubildenden kann vom Museumsmarketing für einzelne Aktionen bewusst genutzt werden (z.B. um Kunst-Studenten zu erreichen oder junge Menschen zu einer "Kunst-Party" einzuladen).

---

150 Schmidt (2010a), S. 26. Vgl. Weinberg (2010), S. 13 & 188.
151 Online unter http://www.heise.de/newsticker/meldung/VZ-Netzwerke-unterziehen-sich-Radikalkur-1350969.html, abgerufen am 1.12.11.
152 Ergebnisse der ComScore-Umfrage 2010, zitiert nach Hilker (2010), Grafik, S. 32.
153 Vgl. dazu http://www.newsclick.de/index.jsp/menuid/2044/artid/14937436, abgerufen am 1.12.11.
154 ACTA 2011: Schneller (2011), S. 11.
155 Ebd.
156 Vgl. Hilker (2010), S. 32 & 45.
157 Schmidt (2010a), S. 26.
158 Vgl. Hilker (2010), S. 45.

Zudem verfügen auch renommierte Wirtschaftsunternehmen wie Audi und Coca Cola, aber auch soziale Dienste wie die Caritas oder der Bund Deutscher Kriminalbeamter über ein Profil bei MeinVZ.[159] Allesamt also "Marken" (wenn man die Caritas und die Polizei im weiteren Sinne als solche sehen darf), die assoziiert werden mit Sicherheit, hohem Status, Prestige, Qualität und teilweise einer hohen Moral. Die VZ-Netzwerke unterstützen außerdem wohltätige Organisationen und karitative Projekte. Bei einem entsprechenden Positionierungswunsch, wäre dies kein schlechtes Umfeld.

Dem rasanten Mitgliederschwund will das Netzwerk seit seinem Relaunch 2011 mit einem neuen Gesamtkonzept und Layout beikommen. Gruppen gibt es nicht mehr, Diskussionen werden auf Themen bezogen geführt. [160] Wie sich die Zahlen weiter entwickeln werden, muss man im Auge behalten. In Bezug auf die Nutzerzahlen spielen die VZ-Netzwerke für das Marketing derzeit eine untergeordnete Rolle.[161]

3.3.2.4 Xing

Definition

Xing ist das größte berufliche Beziehungsnetzwerk in Deutschland.[162] Laut eigenen Angaben zählte es im März 2011 über 10,8 Mio. Mitglieder weltweit.[163] ACTA zählt 2011 1,78 Mio. Nutzer pro Woche.[164] Als das Businessnetzwerk 2003 an den Start ging, hieß es Open BC (=Business Club). Es richtet sich vor allem an Unternehmer, Angestellte, an Dienstleister und Freiberufliche aller Branchen. Als einem der wenigen Web 2.0-Unternehmen gelang Xing 2006 erfolgreich der Börsengang.[165]

Auch bei Xing muss man sich mit einem Profil registrieren. Kostenlos ist die Basis-Mitgliedschaft, die jedoch nur begrenzte Funktionen einräumt (Die Suchfunktion ist beispielsweise möglich, Kontaktaufnahme nur bedingt.) Will man alle Features uneingeschränkt nutzen, muss man zahlendes Premium-Mitglied werden. Dann kann man z.B. E-Mails über die Plattform verwalten,

---

159 Bernet (2010), S. 133.
160 Online unter http://www.heise.de/newsticker/meldung/VZ-Netzwerke-unterziehen-sich-Radikalkur-1350969.html, abgerufen am 1.12.11.
161 Vgl. Hilker (2010), S. 45.
162 Da LinkedIn zwar den angelsächsischen Raum beherrscht, in Deutschland aber nur eine untergeordnete Rolle spielt, wird dieses Business-Netzwerk hier nicht betrachtet.
163 Weinberg (2010), S. 183. Vgl. Alby (2007), S. 101.
164 ACTA 2011: Schneller (2011), S. 11.
165 Weinberg (2010), S. 183. Vgl. Alby (2007), S. 101.

man erhält Einladungen zu Foren und Fachgruppen, von denen 45.000 verschiedene gibt, in denen spezifische Business-Themen diskutiert werden. Zwischen Einzel- und Firmenprofilen wird unterschieden.[166]

Berufliche Netzwerke werden von fünf Prozent der Onliner aufgesucht und sind damit rückläufig.[167] Kernzielgruppe sind die 30- bis 39-jährigen Berufstätigen. Überwiegend Männer legen hier ein Profil an, sind darüber hinaus jedoch nicht besonders aktiv auf der Plattform. Häufig ist ihr Aufenthalt dort mit einem konkreten Anlass verbunden (z.B. Jobsuche, Beschaffung von Informationen o. Ä.). Xing-User schauen selten in ihr Profil: 60 Prozent nur einmal pro Woche, der Rest noch weniger.[168]

Anwendung

Für den geschäftlichen Kontext ist Xing ideal, sowohl für Personalrekrutierung, als auch für das Vernetzen mit Kollegen, anderen Unternehmen oder Geschäftspartnern. Zudem kann man sich durch Beiträge als Experte im Netzwerk positionieren. Premium-Mitglieder erhalten eine Statistik darüber, wer das eigene Profil angeklickt hat. Unternehmen können beispielsweise einen Newsletter über Xing an die Mitarbeiter verteilen oder gezielt Gruppen zu bestimmten Themen aufbauen. Es gibt regionale Fachgruppen, die sich vor Ort treffen – also aus virtuellen Kontakten persönliche gemacht haben.[169]

Die Fokussierung auf den Beruf ist für das Marketing bedeutsam.[170] Hier erreicht man die entsprechende Zielgruppe: karriereorientierte Berufstätige, in der Mitte ihres Lebens stehend. Zudem ist die Plattform bestens geeignet für die geschäftliche Kontaktpflege, z.B. mit Stakeholdern aus Wirtschaft und Politik. Allerdings hat sich Xing in der Kulturbranche (noch?) nicht durchgesetzt. Gerade mal 44 Museen findet man mit einem Eintrag, davon haben wiederum nur 13 weitergehende Informationen hinterlegt.[171]

Hat ein Museum kein eigenes Profil angelegt, erscheinen die Mitarbeiter, die bei Xing registriert sind. Diese automatische, meistens nicht vom Museum intendierte "Personalisierung" ist nicht ganz unproblematisch. Denn wie schon im Zusammenhang mit Facebook erwähnt, möchte einerseits nicht jeder Mitar-

---

166 Online unter http://corporate.xing.com/no_cache/deutsch/unternehmen/xing-ag/, abgerufen am 7.7.11. Vgl. Hilker (2010), S. 35f.
167 2010 von neun auf sieben Prozent im Vorjahr gefallen. Busemann/ Gscheidle (2010), S. 361 & 364.
168 Ebd., S. 361 & 364.
169 Bernet (2010), S. 133.
170 Hilker (2010), S. 36f.
171 Siehe online unter www.xing.de, abgerufen am 7.7.11.

beiter mit seinem Arbeitsplatz gleichgesetzt werden, und andererseits würde ein
Unternehmen nicht unbedingt jeden seiner Angestellten als "Aushängeschild"
auswählen.

3.3.2.5 Fazit Soziale Netzwerke

Soziale Netzwerke zur Pflege und Verwaltung von Kontakten zählen bei den
Kulturbetrieben zu den beliebtesten Social Web-Anwendungen.[172] Als oberste
Maxime gilt: einen interessanten Content für die Community liefern. Doch muss
diese Community erst aufgebaut werden. Die Menschen, die im Netz (oft über-
gangsweise und situativ) zusammen kommen, lassen sich von ihren Interessen
leiten und werden dadurch adressierbar.[173]

Will man eine Community aufbauen, bedeutet das in der Praxis, dass man
attraktive Themen finden muss, die Leidenschaft der Einzelnen wecken und eine
mitreißende Wirkung entfachen. Dazu müssen regelmäßig neue Inhalte eingebracht werden.[174]

Derzeit ist Facebook das beliebteste Netzwerk unter den Museen. "In der
Regel wird das Facebook-Profil weitaus intensiver gepflegt als die Profile anderer Communities."[175] MySpace und VZ verlieren an Bedeutung, während Facebook wächst. Welchen Einfluss Google+ auf diese Entwicklung nehmen wird,
bleibt abzuwarten.

Allgemein gilt jedoch, dass "es für eine effektive Zielgruppenansprache bedeutsam ist, die passenden Netzwerke zu finden und dabei auch regionale Angebote zu berücksichtigen".[176] Daher können für manche Ausstellungshäuser
auch spezielle Angebotsformen interessant sein, wie www.lokalisten.de[177],
wenn sie eine Homebase in der eigenen Stadt haben, oder wer-kennt-wen.de,
das zwar im privaten Bereich genutzt wird, dennoch laut Betreiber RTL Interactive 2009 rund sieben Mio. Nutzer aufweisen kann.[178]

---

172 Laut Umfrage in Deutschland, Österreich und der Schweiz, siehe Kaul (2010), S. 6.
173 Weber/ Kopka (2010), S. 170.
174 Ebd., S. 171 f.
175 Schmidt (2010a), S. 26 & 28.
176 Weinberg (2010), S.196.
177 Laut ACTA 2011 ca. eine Mio. Nutzer pro Woche. Siehe Schneller (2011), S. 11.
178 Laut ACTA 2011 pro Woche 4,51 Mio. Nutzer, 12 Prozent Verlust zum Vorjahr. Siehe
     Schneller (2011), S. 11. Vgl. auch Weinberg (2010), S.195.

3.3.3 Weblogs

3.3.3.1 Definition

Ein Weblog (=World Wide Web + Logbuch; kurz: Blog) ist eine Abfolge von tagebuchartigen, persönlichen Einträgen auf einer Webseite, die von Personen, Gruppen oder auch von Unternehmen in umgekehrt chronologischer Reihenfolge geschrieben und von Lesern kommentiert werden, wodurch ein Dialog entsteht. (Es gibt außerdem die Möglichkeit der Moderation und der Zensur von Kommentaren.) Eingebunden werden können Fotos, Videos und Grafiken. Blogs können mit Hilfe von Podcasts auch als Audio-Blogs auftreten. Blogs sind Pull-Medien. Die Kommunikation verläuft nicht zeitgleich, einer-zu-vielen, kann sich aber zum Dialog entspinnen.[179]

Die ersten Blogs entstanden 1998. Typische Elemente sind Permalinks (jeder Beitrag ist über diesen verlinkt und abrufbar), Backlinks (Verweis auf den Blog von anderer Seite her), Kommentare (zu jedem Beitrag möglich), Blogroll (Empfehlungsliste des Bloggers) und das RSS-Feed (wenn neue Einträge eingestellt werden).[180] Um das Blog zu "bewerben", kann man es in eines der bestehenden Verzeichnisse aufnehmen lassen.[181]

Laut Blog-Suchmaschine Technorati existierten im Jahr 2009 rund 113 Mio. verschiedene. 2010 sollen es sogar 200 Mio. weltweit gewesen sein. Wie viele Blogs es derzeit in Deutschland gibt, ist schwer zu schätzen, da es keine Registrierungspflicht gibt. Manche Blogs werden nicht aktiv gepflegt, andere werden zwar von Deutschen, aber auf Englisch geführt. Deshalb schwanken aktuelle Schätzungen zwischen mehreren Hunderttausend bis 1,5 Mio. aktiven Blogs in Deutschland.[182]

Laut ACTA 2010 lesen 31 Prozent der Deutschen (zwischen 14 und 64 Jahren) hin und wieder Blogs, knapp neun Prozent schreiben auch Kommentare. 5,5 Prozent führen ein eigenes Blog – 2009 waren es im Vergleich nur 4,3 Pro-

---

179 Ebd., S. 97 f. Bruhn (2008), S. iii. Vgl. Henner-Fehr (2010), S. 152. Vgl. Alby (2007), S. 21 ff. Vgl. Bogula (2007), S. 180 f.
180 Stanoevska-Slabeva (2008), S. 6. Vgl. auch Henner-Fehr (2010), S. 152-153.
181 Z.B. www.blogeintrag.de, www.bloggeramt.de, www.blogoscoop.net oder auch www.blog-verzeichnis.info. Siehe Weinberg (2010), S. 97 f. Übersicht über die beliebtesten Online-Logbücher online unter www.deutscheblogcharts.de/archiv/2011-8.html, abgerufen am 13.9.11.
182 Die ARD/ZDF-Onlinestudie veröffentlicht z.b. nur Daten über den Anteil der Blogger unter den Internetnutzern, online unter www.ard-zdf-onlinestudie.de. Siehe auch Blog von Jan Schmidt, online unter http://www.schmidtmitdete.de/archives/707, abgerufen am 12.9.11.

zent.[183] Ein ähnliches Bild skizziert die ARD/ZDF-Onlinestudie, nach der elf Prozent für einen Blog verantwortlich zeichnen.[184]

Blogs gelten als eine Randerscheinung innerhalb der Web 2.0-Nutzungsformen. Jedoch können manche eine enorme Wirkung auf die öffentliche Meinung erlangen (wie beispielsweise beim Rücktritt von Bundespräsidenten Horst Köhler[185]). Immerhin nutzen 60 Prozent der Onliner Blogs, um Informationen abzurufen.[186]

Die Nutzer sind in der Tendenz eher männlich: Zumindest selten nutzen 9 Prozent der Männer und 6 Prozent der Frauen Blogs. Die Kernzielgruppe ist zwischen 14 und 29 Jahre alt (mit durchschnittlich 13 Prozent Nutzung). Die über 60-Jährigen lassen sich mit Blogs kaum erreichen (zwei Prozent).[187] (Siehe Tab. 2 & 3, S. 26 & 27).

3.3.4.2 Anwendung

Für das Museumsmarketing sind vor allem zwei Aspekte des Bloggens interessant: das Blog Monitoring und das Erstellen von Corporate Blogs.

a) Blog Monitoring:

Wie die Marktbeobachtung ist auch das Observieren der Blogosphäre wichtig für das Marketing, weil durch die hohe Vernetzung eine neue "digitale" Öffentlichkeit entsteht, die Einfluss hat auf die Meinungsbildung in der "traditionellen" Öffentlichkeit. "Zwar liest die Masse der Deutschen (noch) keine Blogs, aber gerade von Journalisten und anderen Meinungsmachern werden Blogs genau beobachtet."[188]

Gerade deshalb kann ein Blogeintrag – trotz der relativ wenigen Leser – weit reichende Folgen haben, z.B. wenn die Qualität einer Ware kritisiert wird. (So hat beispielsweise eine Kritik in einem Blog an einem Kryptonite-Fahrradschloss 2004 für die Firma zu einem Schaden in Millionenhöhe ge-

---

183 ACTA Trendreihen 1998-2011, siehe Anhang, S. 114 ff.
184 Busemann/ Gscheidle (2010), 364.
185 Blogger brachten Köhler 2010 zu Fall, da sie auf seine umstrittenen Äußerungen zu deutschen Kriegseinsätzen hinwiesen. Vgl. online unter http://www.sueddeutsche.de/digital/ruecktritt-des-bundespraesidenten-koehler-der-schubs-des-blogosphaere-1.952716, abgerufen am 1.12.11.
186 Busemann/ Gscheidle (2010), S. 364.
187 Ebd., Tab. 8, S. 364.
188 Frank (2008), S. 571. Vgl. Berendt/ Schlegel/ Koch (2008b), S. 72-96. Vgl. Witte (2008b), S. 97-115.

führt.[189]) Wie traditionelle Medien sollte man auch die Blogosphäre im Auge behalten und nicht nur die aktuellen Museumsblogs lesen.[190]

Zwar liegen für den Kulturbereich keine Zahlen vor, wohl aber für den Wirtschaftssektor: "Für Kaufentscheidungen von Produkten benutzen bereits 95 Prozent aller Internet-User Websites und Blogs, um sich über Vor- und Nachteile zu informieren."[191]

b) Corporate Blogs:

Corporate Blogs schreiben die Organisationen selbst. Verfolgt werden unterschiedliche Ziele mittels Produktblog (Information über Ausstellung), Kampagnenblogs (z.b. Fundraising), Serviceblogs, Themenblogs (z.b. über Museumssanierung), Kollaborationblogs (Zusammenarbeit, z.b. bei einem Festival), Customer-Relationshsip-Blogs (Verbesserung der Kundenbindung), Krisen-Blogs (bei Unfällen, Katastrophen).[192]

Betrieben werden sollte ein Museumsblog möglichst nicht ausschließlich von der Presse- und Öffentlichkeitsarbeit, sondern vom Museumsdirektor persönlich oder einer Vielzahl interessanter Mitarbeiter, die sich zu ihren jeweiligen Fachbereichen äußern können. Denn nur so wird die Tagebuchform authentisch gefüllt und stellt glaubwürdig einen persönlichen Bezug her zum potenziellen Besucher. Wünschenswert wäre eine lockere und offene Kommunikationsform, die Kritik zulässt und sich damit konstruktiv auseinandersetzt, z.B. durch Kommentare, die eine Diskussion anregen.[193]

Die Bedeutung von Blogs hat in den letzten Jahren zugenommen. Manche, renommierte Blogger haben gar schon die Rolle von Journalisten übernommen und bieten vielen Menschen Rat und Unterstützung. Das führt zu einem "neuen Stil der Berichterstattung: Blogs bringen Nachrichten schneller als traditionelle Medien (...)", was die extrem schnelle Eskalation, wie z.B. im Fall von Horst Köhler zeigte.[194]

Dadurch werden Journalisten als Gatekeeper umgangen. Diesen direkten Weg kann auch ein Museumsmarketing nutzen, um mit seinen Stakeholdern ins Gespräch zu kommen. Eine Option ist es, interessanten Inhalt einzubringen, wobei die allgemeinen Regeln für Medienarbeit[195] gelten. Darüber hinaus sollte

---

189   Rager/ Weber (2009), S. 99.
190   Frank (2008), S. 572.
191   Klaus Eck, zitiert nach Frank (2008), S. 572.
192   Rager/ Weber (2009), S. 108. Vgl. Bogula (2007), S. 184. Vgl. Alby (2007), S. 41.
193   Frank (2008), S. 572. Siehe dazu auch: Alby, Tom, S. 39ff & Rager/ Weber (2009), S. 100-102.
194   Weinberg (2010), S. 100. Vgl. Rager/ Weber (2009), S. 100-102.
195   Siehe Bernet (2010), S. 19 ff.

die "Netikette der Blogosphäre" gewährt werden, die u. a. einen authentischen Sprachstil erfordert.[196]

Nach Henner-Fehr sollte man vor der Gründung eines Corporate Blogs Vor- und Nachteile gegeneinander abwägen[197]:

Vorteile:

- Abgesehen von Kosten für Personal und Computer-Equipment ist die Erstellung meist kostenlos, einfach und ohne technische Vorkenntnisse schnell möglich.

- Zusätzlicher, offizieller Publikationskanal, der mit Website verlinkt wird.

- Die inhaltliche Vernetzung ist wesentlich höher als bei normalen Webseiten.[198]

- Die Verbindung von Blog mit Suchmaschine ist sehr wirkungsvoll: Weil Blogs extrem verlinkt sind, werden sie von Suchmaschinen weit oben gelistet.[199]

- Auf diese Weise kann man auch die Homepage nach vorne bringen und sich sichtbar machen im Netz, was vor allem für kleinere Museen wichtig wäre.

- Liefert einen Beitrag, um das eigene Museum bekannt zu machen und ggf. als "Marke" aufzubauen.

- Im Kulturbereich in Deutschland kann man sich mit einem Weblog aus der Masse abheben, da das aufgrund der seltenen Nutzung noch etwas Besonderes darstellt.

- Direkte Kommunikation zu manchen Zielgruppen möglich, ohne Umweg über die Medien oder andere Gatekeeper.[200]

- Persönliche Beziehungen aufbauen zu den Stakeholdern, u. a. den Besuchern.

- Über Kommentare kann man etwas lernen darüber, wie das eigene Angebot angenommen bzw. das Museum wahrgenommen wird.[201]

---

196 Mehr dazu ebd., S. 117 ff. Vgl. auch Rager/ Weber (2009), S. 107 ff.
197 Siehe auch Henner-Fehr (2010), S. 154 ff.
198 Rager/ Weber (2009), S. 107. Vgl. auch Alby (2007), S. 27.
199 Bogula (2007), S. 187 ff.
200 Vgl. Alby (2007), S. 36-37.

- Gut geeignet als Projektbegleitung (z.b. *Das neue Städel Frankfurt*, zum Anbau unter http://www.das-neue-staedel.de/, allerdings demnächst nur noch unter http://blog.staedelmuseum.de/). Intern auch als Dokumentation nutzbar (z.b. Ausstellungsblog "Tagwerke" des *Museums für Kommunikation Frankfurt*[202]).

- Bietet möglicherweise eine Entlastung der Mailbox.

- Kann sich positiv "auf die Weiterentwicklung in der Zusammenarbeit von Projektteams" auswirken, wenn der Blog "der schnellen Kommunikation und der Vernetzung untereinander" dient.[203]

Nachteile:

- Teilweise Kontrollverlust über Inhalte. (Es besteht aber zumindest die Möglichkeit einer Zensur von Kommentaren und einer Moderation der Kommunikation.)

- Gefahr, dass sich auch unerwünschte Inhalte via Blog, Kommentaren und Links im Schneeballsystem rasant im Netz verbreiten (z.b. der Fall Eva Herrmann[204]).

- Erheblicher Zeitaufwand, wenn man dauernden Kontakt herstellen will. Man muss am besten täglich einen Beitrag online stellen, besser noch mehrmals am Tag – einmal im Monat wäre nicht genug.

- Zeitaufwändige Vorrecherche in der Blogosphäre notwendig (u. a. Beispiele von Blogs anderer Museen lesen etc.).

- Dialoge können anstrengend sein und nicht immer konstruktiv. Zudem muss die Masse an Informationen gehandhabt werden.

- Souveräner Umgang mit Kritik muss erlernt werden.

- Gefahr, dass Interna öffentlich gemacht werden, die nicht dazu bestimmt waren.[205]

---

201 Henner-Fehr (2010), S. 154.
202 Das Museum führt den Blog, in dem das Entstehen und die längst beendete Ausstellung "Tagwerke" begleitet wurden, weiter als Dokumentation und Nachschlagewerk. Online unter http://tagwerke.twoday.net/month?date=201004, abgerufen am 12.9.11.
203 Henner-Fehr (2010), S. 157.
204 Auf Äußerungen von Herrmann über die Rolle der Frau im Nazi-Regime wurde im Netz so heftig diskutiert, dass die fristlose Entlassung der TV-Moderatorin aus dem Sender NDR unvermeidlich wurde. Auf einen Artikel der "Welt Online" schrieben 4.500 User Kommentare. Siehe Rager/ Weber (2009), S. 110.

- Erforderlich ist die richtige Schreibe, damit ein Blog authentisch wirkt, sowohl zum Museum als auch zum ausführenden Blogger passt und gerne gelesen wird.

- Man muss etwas zu sagen haben. Die Inhalte sollten aktuell, wahr, kurz, verlinkt und individuell sein. Kurz: Gute Geschichten, authentisch erzählen.[206]

Derzeit werden Blogs von Museen vor allem genutzt, um aktuelle Informationen zu vermitteln über Ausstellungen, Veranstaltungen oder spezielle Aktionen, z.b. im Rahmen einer Fundraising-Kampagne. Best Practice-Beispiel hierfür ist der übersichtlich gestaltete Blog *Das neue Städel* zum geplanten Erweiterungsbau des Frankfurter Museums.[207] Neben einem Aufruf zum Spenden, findet man eine Chronologie der *Städel*-Baustelle, die als Dokumentation dient. Um als Interessierter immer informiert zu werden, kann man sich hier per Mail, RSS-Feed oder Newsletter-Abo eintragen.

Vorbildlich, in ansprechender Optik mit guten Fotos präsentiert sich der Blog des *NRW-Forums*[208], der im September 2011 den Abbau der Container-Ausstellung in Wort und Bild begleitet. Alte Beiträge werden in Kategorien abgelegt und archiviert. Übersichtlich und authentisch wirkt das Museumslogbuch und überzeugt mit einem flotten Schreibstil.

Best Practice zeigt auch der Blog des *Schlossmuseum Residenz München*. Die Seiten sind ansprechend und übersichtlich gelayoutet, die Einträge interessant und sogar selbstironisch ("Haus verliert nix – vom Suchen und Finden eines Deckengemäldes") geschrieben. Der Blog gewährt einen Einblick in den Museumsalltag. Außerdem erfährt man über die Blogger, die hier schreiben, mehr als nur Namen und Funktion.[209]

Dass man mit den entsprechenden Themen durchaus eine Kommunikation starten kann, hat das *Haus der Kunst* in München mit seinem anlassbezogenen, zeitlich begrenzten Ai Weiwei-Blog gezeigt, der zu Diskussionen anregte.[210]

Gerade für zeitlich begrenzte Projekte wie Festivals kann ein Blog eine gute Präsentationsform sein, wie sich am Beispiel der *Ruhrtriennale* zeigt. Das internationale und spartenübergreifende Festival der Künste im Ruhrgebiet widmet

---

205   Rager/ Weber (2009), S. 111.
206   Henner-Fehr (2010), S. 154-155.
207   Online unter http://www.das-neue-staedel.de/, abgerufen am 12.9.11 bzw. neuer Auftritt unter http://blog.staedelmuseum.de/, abgerufen am 23.10.11.
208   Online unter http://www.nrw-forum.de/blog/, abgerufen am 13.9.11.
209   Online unter http://www.residenz-muenchen-blog.de/?page_id=25, abgerufen am 14.9.11.
210   Online unter http://aiweiwei.blog.hausderkunst.de/, abgerufen am 20.9.11.

sich 2011 dem Buddhismus als Thema und wird begleitet von dem Blogprojekt "Urmomente"[211] Hier schreiben sechs Menschen, die das Festival in unterschiedlichen Funktionen begleiten und dies mit sechs verschiedenen Perspektiven wiedergeben.

Die Mehrzahl der Museumsblogs ist jedoch unübersichtlich gestaltet und die Navigation ist nicht immer intuitiv zu bedienen. Weit schlimmer noch ist, dass viele der Blogs keinen Austausch anregen können. Das liegt oft am Inhalt: Denn wenn nur reine Informationen wiedergegeben werden, entsteht meist kein Gesprächsbedarf.[212]

Ein fundamentales Problem für das Bloggen stellt häufig eine kontrollfixierte Unternehmenskultur dar, in der das Vertrauen in Mitarbeiter fehlt und ein Mangel an Delegationsfähigkeit herrscht. Wollen Direktoren alle Einträge vorab lesen und genehmigen, hemmt das den Gesprächsfluss und lässt ihn schlimmstenfalls ganz versiegen.[213]

Weblogs bergen aber durchaus Potenziale für Kunstmuseen, die bisher noch nicht ausgeschöpft werden. "Das Blog als zentrales Medium, um Geschichten zu erzählen, die den Weg in die klassischen Medien nicht finden, Position zu beziehen oder Themen zu besetzen, wird nur sehr spärlich eingesetzt."[214]

Zudem sollte man Blogs als Informationsquelle für Journalisten bedenken und als solche beobachten. Blogger haben hier eine ernstzunehmende Rolle als Multiplikatoren eingenommen.[215]

3.3.4 Twitter

3.3.4.1 Definition

Verwandt mit dem Blog ist das Microblogging. Der bekannteste Dienst heißt Twitter (engl. "Gezwitscher") und wurde 2006 gegründet.[216] 2009 wurden 14 Mio. Benutzerkonten gezählt, 2010 sogar 100 Mio.[217] Nachdem man sich kos-

---

211 Online unter http://www.ruhrtriennale-blog.de/wordpress/, abgerufen am 13.9.11.
212 Konkrete Tipps zum Bloggen siehe Alby (2007), S. 68-69. Umsetzung möglich mit Open-Source-Weblog-Systemen, wie http://wordpress-deutschland.org, http://geeklog.info/ oder http://www.movabletype.com/. Eine Übersicht siehe online unter http://www.e-teaching. org/technik/kommunikation/weblogs/weblog_systeme, abgerufen am 12.9.11.
213 Vgl. Henner-Fehr (2010), S. 154 ff.
214 Schmidt (2010a), S. 14.
215 Vgl. Schmidt (2011a).
216 Andere Kurznachrichtendienste wie Pownce, Yammer, Bleeper, Jaiku, Friendfeed und Plurk sind weniger bekannt und werden daher hier außer Acht gelassen.
217 Bernet (2010), S. 120.

tenlos registriert hat, kann man selbst "Tweets" (Kurzbotschaften von maximal 140 Zeichen Länge) schreiben oder als "Follower" Anderer deren SMS-langen Neuigkeiten erhalten (z.b. von einem Museum) – abrufbar über den Twitter-Account oder als SMS auf das Handy.[218]

Vor allem für Institutionen ist es von Bedeutung, das eigene Profil möglichst detailliert zu beschreiben, um bei einer Suche gut aufgefunden zu werden.[219] Die Tweets können auch einen Link enthalten, der verkürzt dargestellt wird. Die Kurzbotschaften bleiben auf der Twitterseite für alle Nutzer abrufbar, beispielsweise über die Such-Funktion.[220]

Laut ARD/ZDF-Onlinestudie wird Twitter selten genutzt: Von einem Prozent der Befragten wöchentlich, von zwei Prozent seltener, von 97 Prozent nie.[221] 2010 haben drei Prozent schon mal getwittert – das sind umgerechnet immerhin 1,65 Mio. Menschen.[222]

Zwei Drittel lesen die Tweets anderer, ein Drittel schreibt selbst und nutzt Twitter als News- und Empfehlungs-Feed.[223] Obwohl Twitter also überwiegend passiv genutzt wird, ist die Beteiligungsquote dennoch höher als z.b. bei Blogs.

Aktiv und regelmäßig genutzt wird der Dienst im deutschsprachigen Raum von rund 270.000 Usern, die sich jedoch vor allem für die Themen Informatik, Medien und Marketing interessieren. Knapp die Hälfte der Tweets bezieht sich auf IT, das Web oder sogar auf Twitter selbst. Zwei Drittel sind Männer, ein Drittel Frauen.[224]

Kernklientel sind die Teenager: Unter den 14- bis 19-Jährigen haben neun Prozent den Dienst schon einmal genutzt, unter den 20- bis 29-Jährigen sind es vier Prozent und die 30-Jährigen nur noch zwei Prozent, aber überraschenderweise bei den 50- bis 59-Jährigen auch vier Prozent. 2009 betrug das Durchschnittsalter 31 Jahre.[225]

3.3.4.2 Anwendung

Wenngleich als Nischenprodukt angesehen, so ist Twitter doch wichtig als zusätzlicher Nachrichtenkanal für die Medienarbeit aufgrund seiner Schnelligkeit (vor allem in Kombination mit dem Handy), der aktiven Teilhabe immerhin

---

218 Weinberg (2010), S. 141.
219 Hilker (2010), S. 38.
220 Bernet (2010), S. 121.
221 Busemann/ Gscheidle (2010), S. 361.
222 Ebd., S. 361.
223 Ebd., S. 362 & 364. Siehe auch Bernet (2010), S. 122.
224 Bernet (2010), S. 122 & 125. Vgl. Hilker (2010), S. 37f.
225 Busemann/ Gscheidle (2010), S. 361. Siehe auch Bernet (2010), S. 120-121.

eines Drittels seiner User und der einfache Handhabung.[226] Das zeigt ein Blick auf die Wirtschaft: Von den 100 größten deutschen Marken haben 39 Prozent einen Twitter-Account, den sie aktiv pflegen.[227]

Wirtschaftsunternehmen nutzen den Microblogging-Dienst im Rahmen der Leistungspflege und Leistungsinnovation, um einerseits Produktinformationen weiterzugeben, andererseits als Marktforschungsinstrument für die Entwicklung von Produkten.[228] Im deutschen Sprachraum beliebt ist die Nutzung bei Wahlkämpfen, Meinungskampagnen, Produkt-Promotion, Personalsuche, um die Online-Präsenz zu flankieren.[229] Erfolgreich eingesetzt wird es auch für einen schnellen Kundensupport.[230]

Tatsächlich ist Twitter auch unter den Ausstellungshäusern beliebt. Nach Visitatio.de nutzen in Deutschland über hundert Museen und über zehn Museumsnetzwerke Twitter aktiv.[231] Laut Schmidt ist Twitter sogar das zweitbeliebteste Social Media-Angebot, von dem 63 Prozent der von ihr untersuchten Museen Gebrauch machten.[232]

Der Erfolg der eigenen Twitter-Aktivitäten lässt sich zumindest oberflächlich an der Anzahl der Follower ablesen. Diese kann man hoch halten, indem man immer wieder einen Austausch anregt und qualitätvolle Neuigkeiten liefert.[233] Neue Nachfolger gewinnt man relativ leicht durch "nutzwertorientierte Tweets mit Mehrwert".[234]

Tweets gelten als interessant, wenn sie informativ und aktuell sind, schnell geliefert werden und einen Mehrwert bieten. Denkbar wäre ein Echtzeit-Dialog mit den Stakeholdern.[235]

Eingesetzt werden kann Twitter in Museen, z.B. bei der Eventorganisation, im Reputation Management oder auch im Krisenmanagement. Der Dienst ist als Verstärker für andere Social Media-Aktivitäten geeignet, die er flankiert (z.B. Aktionen auf anderen Plattformen oder der Homepage). Twitter kann aber auch helfen, neue Besucher zu akquirieren und bestehende an sich zu binden.[236] Bei-

---

226 Vgl. ebd., S. 121. Eine Übersicht siehe auch online unter http://www.twitter-trends.de/, abgerufen am 20.9.11.
227 Studie der Universität Oldenburg, zitiert nach. Bernet (2010), S. 123.
228 Hilker (2010), S. 38.
229 Vgl. ebd., S. 37 f., Siehe Bernet (2010), S. 122 & 125.
230 Weinberg (2010), S. 143.
231 Mit 14.336 Follower belegte das NRW-Forum Düsseldorf im Juli 2011 Platz eins. Online unter http://www.visitatio.de/Twitter/twitternde-Museen-Deutschland-juli-2011.html, abgerufen am 25.7.11.
232 Schmidt (2010a), S. 12.
233 Konkrete Tipps siehe Bernet (2010), S. 129.
234 Hilker (2010), S. 38.
235 Bernet (2010), S. 126 f.
236 Vgl. Hilker (2010), S. 38.

spielsweise wäre mit Hilfe von Twitter ein prompter Kundendienst denkbar, das Erinnern an Veranstaltungen am nächsten Tag oder dem Bekanntmachen von kurzfristigen Terminänderungen o. Ä.

Als Nachteil entpuppt sich nicht nur die zeitintensive Pflege, sondern auch die extreme Kürze der Meldungen, die leicht zu Missverständnissen führen kann. Daher sind Kurzlinks beliebt, die auf informierende Internetseiten weiterleiten. Zudem ist es möglich, dass sich jemand unter falschem Namen registriert und Falschmeldungen lanciert.[237]

Das Kunstpublikum erwartet, laut "MuseumsNext"-Umfrage, von einem Museum auf Twitter vor allem Informationen über Ausstellungen und Events (98 Prozent). Rund 21 Prozent der Befragten folgen mindestens zehn Museen auf Twitter und knapp 20 Prozent folgen ein bis fünf Museen. Das bedeutet, dass eine Vernetzung der Museen untereinander dazu genutzt werden könnte, dass die Häuser sich gegenseitig promoten.[238]

Wie nutzen die Kultureinrichtungen Twitter bisher? Die meisten Follower verbuchen jene Kultureinrichtungen, die per Twitter etwas bewerben, z.b. ihre aktuelle Ausstellung. Eine echte Kommunikation mit den Besuchern suchen jedoch nur wenige.

> Erfreuliche Ausnahmen bilden die 'Real Timer' und 'Credible Companies', die über ihren Tellerrand hinaus twittern und über den Aufbau eines thematischen Umfeldes in Dialog mit ihrem Publikum treten.[239]

So twitterten beispielsweise die britischen *Tate Galleries* zum Tod von Lucian Freud einen Link zu einem Radio-Interview mit ihrem Direktor Nicholas Serota über die Bedeutung des Malers für die Kunstgeschichte.[240]

Best Practice liefert auch das *MoMa*, welches über den Stand seiner Workshops informiert. Darüber hinaus personalisiert das New Yorker Museum seinen jeweiligen Twitterati[241] und ruft aktiv zur Kommunikation auf.[242]

---

237 Vgl. ebd., S. 38.
238 "MuseumsNext" hat 1.000 Menschen befragt, wie Museen Twitter nutzen sollten. Online unter http://www.museumnext.org/2010/blog/research-museums-on-twitter, abgerufen am 19.9.11.
239 Kohn (2010).
240 Online unter http://news.bbc.co.uk/today/hi/today/newsid_9545000/9545176.stm http://twitter.com/#!/Tate. Twitter-Botschaft siehe http://ow.ly/5KJ16", beide abgerufen am 22.9.11.
241 Als "Twitterati" bezeichnet man all jene, die Tweets schreiben und verschicken.
242 "Victor Samra at the easel. Please send questions or comments." Alle Mitarbeiter stehen reihum Rede und Antwort. Online unter http://twitter.com/#!/MuseumModernArt, abgerufen am 22.7.11.

Einen Anlass geschickt ins eigene Marketing eingebaut hat z.b. auch das *Städel*, als es Alexander Calder zum Geburtstag gratulierte und einen Link twitterte, der zu seinem Mobile führte, das im Frankfurter Museum ausgestellt ist.[243] Weniger gelungen ist der Tweet des *Kunstmuseums Stuttgart*, die die Straßenbenennung nach dem Maler Reinhold Nägele als Aufhänger nimmt, um auf seine Werke im Kunstmuseum aufmerksam zu machen (http://t.co/lrKIBUe). Im Ansatz eine gute Idee, die aber durch den Link zu einer faden Pressemeldung ohne Fotos ins Leere läuft.[244]

Die *Kunsthalle Mannheim* nutzt Twitter ebenfalls anlassbezogen (z.b. Danksagung bei Hans-Werner Hector für seine Spende). Zudem läuft hier in Kombination mit Facebook ein Jahr lang die Aktion "Ein Tag/ Ein Werk". Zwar hat das Museum auf diese Weise sicher gestellt, dass täglich etwas getwittert wird, jedoch erfolgt dies in einer unpersönlichen und automatisierter Form, die auf Dauer ermüdend und lieblos wirkt.[245]

Sehr breit genutzt wird Twitter vom *Zentrum für Kunst und Medientechnologie (ZKM) Karlsruhe*, das beispielsweise andere interessante Twitteratis empfiehlt[246]. Es begrüßt einen neuen Gast-Künstler mit geschicktem Hinweis auf seine Arbeit (Orestis Karamanlis am 21.7.2011) oder ruft dazu auf, eigene Kompositionen für eine interaktive Installation einzuschicken (http://bit.ly/paK7wL #IMA, am 28.7.2011).[247]

Eine clevere Idee hat die *Pinakothek München*, die anlässlich ihrer Rubens-Ausstellung den Meister selbst zum Leben erweckt und twittern lässt und seine Tweets elegant in die eigene Homepage einbaut.[248]

Eine Arbeitserleichterung für das Marketing bietet der "Twitter Buzz", der automatisch darüber informiert, wenn etwas über das eigene Museum getwittert wurde. Mit dem "Mindmaster" lassen sich Mindmaps anlegen und mit "Spreed" Webmeetings abhalten.[249] Mittels Twitterfeed können neue Blog-Artikel automatisch auch getwittert werden. Bei einem wichtigen Anlass – beispielsweise dem ersten Spatenstich eines neuen Museumsbaus – sind Live-Tweets eine

243   Online unter http://www.staedelmuseum.de/sm/index.php?StoryID=458&ObjectID=174, abgerufen am 20.9.11.
244   Online unter http://www.stuttgart.de/item/show/273273/1/9/437378 und http://twitter.com/#!/kunstmuseum, abgerufen am 22.7.11.
245   Online unter http://twitter.com/#!/KunsthalleMannh und http://www.eintag-einwerk.de/?day=103&utm_source=twitterfeed&utm_medium=twitter, am 22.7.11.
246   Wie @kunstbar_de @jungekunstwien @artmachtfrei @streamingmuseum, am 22.7.11. Online unter http://twitter.com/#!/zkmkarlsruhe, abgerufen am 20.9.11.
247   Online unter http://twitter.com/#!/zkmkarlsruhe, abgerufen am 20.9.11.
248   Tweets online unter http://twitter.com/#!/rubens_in_muc, Homepage unter http://magazin.pinakothek.de/aktuelles-pinakotheken/, beide abgerufen am 17.11.11.
249   Weinberg (2010), S. 186.

Option. Wenn Fachleute zu Wort kommen sollen, sind Interviews denkbar, wenngleich diese ob der Kürze die Gefahr bergen, dass der Inhalt nicht sachgerecht oder zu wenig differenziert wiedergegeben wird.[250]
Twitter eignet sich zwar gut, um andere Kommunikationskanäle zu unterstützen (z.B. die Website), bindet aber auch enorme Ressourcen in Form von Zeit. Zwar ist theoretisch eine einzelne Meldung schnell geschrieben, praktisch ist die Kürze nicht leicht umsetzbar und es ist oft nicht mit einem Tweet getan. Dazu kommt das Monitoring anderer Tweets und Retweets, das notwendig ist, um ein Gespür für das Medium und dem ihm eigenen Kommunikationsstil zu entwickeln. Der Arbeitsaufwand kann sich auf einen Schätzwert von täglich einer Stunde, monatlich also 20 Stunden, summieren.[251]

3.3.5 Video-Portal: YouTube

3.3.5.1 Definition

Auf Video-Portalen kann man Videos hochladen (sofern man als Nutzer angemeldet ist), die Videos anderer bewerten, in Hitlisten aufführen, kommentieren, in einem eigenem Blog oder einer Website einbinden.[252] Man kann eigene Videokanäle anlegen, die Andere wiederum abonnieren können oder einen eigenen Video-Blog führen. Für das reine Abspielen via Stream ist eine Registrierung nicht erforderlich.[253]
Die Kommunikation dieses Pull-Mediums erfolgt zeitversetzt, einer-zu-vielen und einseitig. Die Einseitigkeit kann über die Kommentarfunktion zweiseitig genutzt werden, wenngleich auch nur sehr eingeschränkt.
Die beliebteste Video-Plattform in Deutschland ist YouTube[254]. Im Vergleich zu anderen Web 2.0-Anwendungen liegt sie bei der gelegentlichen Nutzung mit 58 Prozent auf Platz zwei; vergleicht man die regelmäßige Nutzung auf Platz drei mit 30 Prozent.[255] (Siehe Abb. 5.)

---

250   Mehr zu Twitter Tweeds online unter http://www.denkvirtuose.de/twitter/twitter-trends-finden-und-auswerten.html, abgerufen am 13.9.11. Vgl. auch Bernet (2010), S. 126 f.
251   Ebd., S. 128 f.
252   Schmidt (2010a), S. 28. Vgl. Alby (2007), S. 108-109.
253   Janner (2010), S. 129.
254   Seit der Google-Übernahme 2006 ist YouTube in Verbindung mit dem Werbesystem Google AdSense nutzbar, das Werbung auf die Zielgruppe anpasst. Siehe Hilker (2010), S. 42. Obwohl die Video-Plattform Vimeo eine bessere Bildqualität bietet, spielt sie im Vergleich nur eine untergeordnete Rolle. Daher liegt der Fokus in diesem Buch auf YouTube.
255   Busemann/ Gscheidle (2010), S. 362.

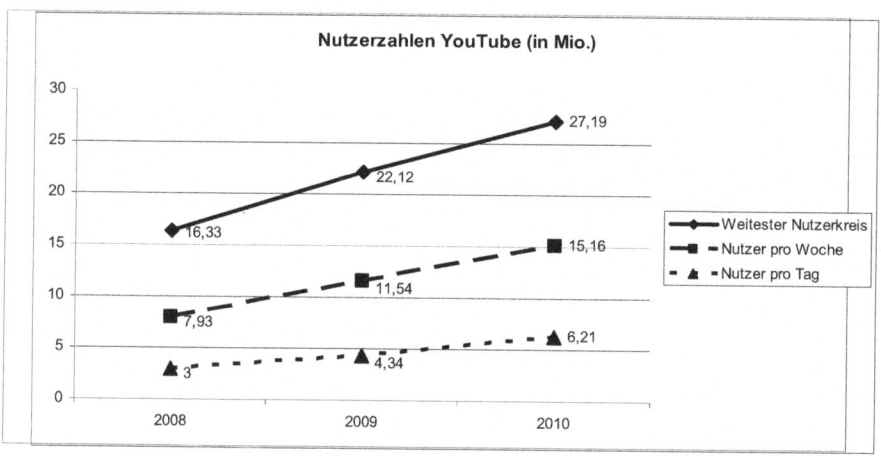

Abb. 5: Nutzerzahlen YouTube (in Mio.), Basis: Bevölkerung der BRD zw. 14 & 64 Jahren, Quelle: ACTA 2010.

Bei der Nutzung überwiegt der passive Abruf von Musikvideos (70 Prozent), selbst gedrehtem Material (52 Prozent), Ausschnitten von Fernsehsendungen und Filmen (33 Prozent). Meistens suchen Nutzer auf Empfehlungen nach Videos. Content liefern sieben Prozent.[256] Pro Minute werden 24 Stunden Videomaterial hochgeladen.[257]

Laut ACTA 2010 zählt YouTube in Deutschland 6,21 Mio. Nutzer pro Tag, 15,16 Mio. pro Woche und im weitesten Kreis sogar 27,19 Mio Nutzer, Tendenz steigend.[258] Der Dienst ist in zwölf Sprachen verfügbar. Pro Tag werden etwa 65.000 neue Videos hochgeladen und über 100 Mio. Videos werden täglich angeschaut.[259]

Genutzt wird das Portal von verschiedenen Schichten und Altersgruppen, wobei die 14- bis 19-Jährigen und die 20- bis 29-Jährigen die zwei größten Gruppen bilden, gefolgt von den 30- bis 39-Jährigen. Der Anteil der Männer ist etwas höher als der der Frauen.[260]

---

256 Ebd., S. 362 f. Das zeitgleiche Video-Streaming macht derweil dem Fernsehen Konkurrenz: 2011 schauen sich 37,3 Prozent Clips im Internet an. Siehe ACTA Trendreihen 1998-2011, S. 114 ff.
257 Bernet (2010), S. 82.
258 ACTA 2010: Schneller (2010), S. 13.
259 Bernet (2010), S. 82.
260 Busemann/ Gscheidle (2010), Tab. 8, S. 364.

3.3.5.2 Anwendung

YouTube ermöglicht eine schnelle Verbreitung von Informationen und einen Austausch mit Stakeholdern (wie Museumsbesuchern), die über die Kommentarfunktion ein Feedback geben können. Besonders geeignet sind die eingestellten Videos für eine emotionale Ansprache. Da das Portal bei den Nutzern so beliebt ist, gewinnt es zunehmend in der Kulturbranche an Bedeutung, denn auf diesen Weg erreicht man auch Menschen aus "kulturfernen" Schichten und kann sie ggf. für Kultur interessieren.

Aber auch andere Stakeholder, wie beispielsweise die Presse, könnten über die Videoplattform kontaktiert werden. Jeder dritte Redakteur schaute 2008 laut Bewegtbildstudie fast täglich Bewegtbilder im Internet an. Drei Viertel der Befragten finden, dass gerade in der Pressearbeit das Potenzial noch nicht ausgeschöpft sei. Die Gründe für den Einsatz von Videos reichen von einer verbesserten Inhaltsvermittlung über Reichweitenerhöhung bis hin zur Qualitätssteigerung. Journalisten wünschen sich, dass mehr Videomaterial auf Plattformen für die Recherche bereitgestellt werden sollte.[261]

Gehörte das *ZKM Karlsruhe* 2007 noch zu den ersten Museen, die sich auf YouTube registrierten[262], erlebt der Videokanal seit 2009 allgemein unter den Museen einen Boom. Mit der weiteren Verbreitung von schnellen Internetanschlüssen machte die Übertragung von Bewegtbildern Sinn und gerade die Anschaulichkeit des Gezeigten ist für den Kulturbereich inhaltlich gut nutzbar. Jedoch nutzen nur etwa knapp ein Drittel der von Schmidt untersuchten Museen YouTube und laden eigene Videos hoch.[263]

Es gibt eine Vielzahl von Darstellungsmöglichkeiten, u. a. Stimmungsbilder des Ausstellungshauses, Blick hinter die Kulissen (z.B. Aufbau einer Ausstellung, Interviews mit Künstlern, Reportagen zu Themen rund um das Museum[264]). Dabei sind sowohl die Urheberrechte einzuhalten (in Bezug auf die abgebildeten Kunstwerke sowie ggf. am Filmmaterial) als auch die Persönlichkeitsrechte Abgebildeter (z.B. Besucher).[265]

---

261 Deutschlandweit nahmen 2.400 Entscheider in Redaktionen, Pressestellen, Agenturen und Freelancer teil an dieser Studie der Uni Leipzig zu den Auswirkungen von YouTube auf die Praxis von Journalismus. Siehe online unter www.bewegtbildstudie.de, abgerufen am 27.6.11.

262 Mit 241 selbst gedrehten Videos zählt das *ZKM* auch gegenwärtig zu den Spitzenreitern. Online unter http://www.youtube.com/user/ZKMkarlsruhe?blend=22&ob=5, abgerufen am 26.9.11.

263 Schmidt (2010a), S. 28-29.

264 Vgl. Schmidt (2010a), S. 30.

265 Die Rechte des Urhebers sind im Urheberrecht geregelt (http://www.urheberrechtsgesetz.de/). Die Mehrheit der lebenden Künstler lässt sich durch die Verwertungsgesellschaft Bild-Kunst vertreten (http://www.bildkunst.de/). Das "Recht am eigenen Bild" zählt zu den im Grundgesetz geregelten Persönlichkeitsrechten (Art. 1 & 2, online unter

Best-Practice liefert das New Yorker *MoMa*, das in seiner Reihe "Behind the Scenes" (engl.: "Hinter den Kulissen") die Künstler selbst über ihre Werke sprechen lässt.[266] Auf diese Weise behält das Museum die Kontrolle, da die Videos selbst produziert sind.

Als Maßnahme der Besucherakquisition, um eine junge Zielgruppe (16- bis 24-Jährige) ins Museum zu holen, hat die *Tate Modern* mit dem Projekt "Tate Tracks" die Verbindung zur Popmusik gesucht. Musiker wie Chemical Brothers, Graham Coxon (Blur), Union of Knives etc. ließen sich von einem Kunstwerk zu einem neuen Song inspirieren. Die daraus resultierende CD konnte man nur im Museum anhören – über Kopfhörer vor dem Kunstwerk, das den Song initiiert hatte. Das Thema lässt sich treffend über Video vermitteln, das die Musik hörbar und die Kunst sichtbar macht.[267]

Dass man sich durch die Kombination mit Musik viele Aufrufe sichert, zeigen auch andere Aktionen, z.B. der Auftritt der "Bulldogs" in der *Kunsthalle Mannheim* punktet mit über 23.000 Aufrufen, während andere Beiträge nur von 500 Nutzern betrachtet wurden.[268] Clever genutzt wurde der Videokanal in Kombination mit einem klassischen PR-Instrument: Per Mailverteiler wurde ein Link verteilt, in dem Thomas Hirschhorn seine Installation "It's burning everywhere" im Videocast selbst erläutert.[269]

Dass YouTube auch zur Besucherbindung eingesetzt werden kann, verdeutlicht ein Beispiel des *Städel Frankfurt*, das mit seinen regelmäßigen Videos über Ausstellungsaufbauten, Vorträge etc. auf ein schon bestehendes Museumspublikum abzielt. So wird der Betrachter z.B. in einem Video von Museumsdirektor Max Hollein und zwei Kuratoren durch die Sonderausstellung "Die Chronologie der Bilder " geführt.[270]

Leider bieten viele Präsentationen von Museen auf YouTube neben einem Steckbrief mit Eckdaten nur wenige Videos und Verlinkungen zu anderen Web 2.0-Anwendungen. Viele Häuser bedienen sich einer Mischung aus Eigenproduktionen und Links zu Fremdmaterial, wie das Lehmbruck Museum Duis-

---

http://www.bundestag.de/dokumente/rechtsgrundlagen/grundgesetz/gg_01.html, abgerufen am 2.12.11.)

266 Wie Carlito Carvalhosa, online unter http://www.youtube.com/user/Momavideos?blend=3&ob=4, abgerufen am 25.9.11.

267 Online unter http://www.youtube.com/watch?v=S10QU8n3ulc, abgerufen am 22.7.11.

268 Online unter http://www.youtube.com/watch?v=OPJnsUd1Qn0, abgerufen am 22.7.11.

269 Online unter http://www.youtube.com/watch?v=Z10lijMYVQw, abgerufen am 24.10.11.

270 Online unter http://www.youtube.com/watch?v=Pm3ecrXM1LM, abgerufen am 22.7.11; wurde bis dahin über 21.000 Mal aufgerufen.

burg.[271] Häufig werden keine Videos produziert, sondern nur Verlinkungen gesetzt zu Fremdmaterial.[272] So bleiben die

> Möglichkeiten 'Markenaufbau' zu betreiben (...) größtenteils ebenso ungenutzt, wie die Chancen, über Plattformvernetzungen (-verlinkungen) den Dialog mit Interessenten zu intensivieren.[273]

Will man die eigene Reichweite verbessern, muss man möglichst viele Videoportale nutzen. Dazu sind gute Tags für die Suche wichtig. Hat man das Video hochgeladen, muss man zeitnah dafür Werbung machen, damit die Wirkung nicht verpufft. Eine Kombination mit anderen Web 2.0-Anwendungen bietet sich an, z.b. Videos über Facebook oder Twitter bekannt machen. Hierbei sollte man den Fokus auf die ersten sechs Tage nach dem Einstellen legen, bevor die "Lebensdauer" beendet ist.[274]

Beispiel für die gelungene Verzahnung einzelner Web 2.0-Anwendungen: Zur Ausstellungseröffnung von Nasan Tur bedankt sich die *Kunsthalle Mannheim* per Twitter bei Artmetropol.tv, die darüber ein Video gedreht haben, und lenkt so die Aufmerksamkeit auf einen Link zu YouTube, wo dieser als Vodcast hochgeladen ist.[275]

Leider findet bisher auf YouTube keine inhaltliche Auseinandersetzung statt, die über die Kommentarfunktion möglich wäre. Die Mehrzahl der Videos von Museen wendet sich an potenzielle Besucher, um sie zu einem Besuch zu bewegen Alle anderen Stakeholder – wie z.B. Politiker, Industrielle, Medienleute – werden meist gar nicht adressiert.[276]

Nicht ganz einfach ist der Umgang mit der auf der Video-Plattform vorherrschenden Ästhetik.[277] Wer sich erfolgreich auf der Plattform bewegen will, muss

---

271   Bsp. Eigenproduktionen: Aufruf um eine Kleiderspende für die nackte David-Statue, online unter   http://www.youtube.com/user/LehmbruckMuseum?blend=21&ob=5,   abgerufen   am 25.9.11. Bsp. Link zu Fremdmaterial: Interview mit Markus Lüpertz zur Ausstellung "43 Werksstudien zum Herkules" 2010, online unter
       http://www.youtube.com/watch?v=Aj_1snCwABw, abgerufen am 25.9.11.
272   Z.B. *Staatsgalerie Stuttgart*: Studenten der Uni Hohenheim fragen, ob ein Museum wirtschaftlich arbeiten kann, online unter http://www.youtube.com/watch?v=Jb3gh0IwI-8, abgerufen am 25.9.11.
273   Schmidt (2010a), S. 30.
274   Hilker (2010), S. 43. Sinnvoll ist der Einsatz von Mash-ups (Erstellung neuer Medieninhalte durch die Kombination bereits bestehender), um z.B. YouTube-Videos auf der eigenen Homepage zu nutzen.
275   Twitter-Nachricht vom 8.11.11, online unter http://twitter.com/#!/KunsthalleMannh; Video unter http://www.youtube.com/watch?v=ql7wAUcYoKM, abgerufen am 9.11.11.
276   Vgl. Schmidt (2010a), S. 31.
277   Stilprägend wirken hier Musikbands, z.B. Weezer mit "Pork and Beans", online unter http://www.youtube.com/watch?v=wDDHvGPCwt8 und http://www.youtube.com/watch?v=FGQCAqS43Tw&feature=relmfu. Es existieren diverse

um diesen besonderen Stil der Darstellung wissen und damit kreativ umgehen können.[278] Werbeästhetik wirkt hier eher abschreckend. Gewinnt man jedoch die Aufmerksamkeit der User, hat man den Vorteil, dass sie sich (im Gegensatz zu Werbespots) die Filme auf YouTube freiwillig anschauen. Man erreicht die Betrachter in einer privaten Situation und daher auch mit einer anderen Aufnahmebereitschaft.[279] Diesem Anspruch werden jedoch bis dato nur wenige Kulturinstitutionen gerecht. Die Mehrzahl der Videos wirkt wie Werbefilme (mit glatter Optik, gefälliger Hintergrundmusik etc.).

Zusammenfassend lassen sich folgende Vorteile von YouTube festhalten: die Reichweitenstärke, der kostenfreie Zugang und die einfache Bedienungsweise.[280] Ein Video einzustellen, um auf eine Ausstellung oder ein Event aufmerksam zu machen, ist leicht umsetzbar, und man kann damit theoretisch Millionen Nutzer weltweit erreichen.

Interessant für das Marketing ist die zu jedem Video abrufbare Statistik, die aufzeigt, wen man mit dem Spot erreicht hat (Zielgruppe in Bezug auf Alter, Geschlecht und Herkunftsland), außerdem mit Zahlen zu Aufrufen insgesamt, zu den Bewertungen (positive, negative), Kommentaren, Favoriten und Weiterleitungen.[281] Nutzt man YouTube zusätzlich, erhöht man die Sichtbarkeit im Netz und erzielt eine bessere Suchmaschinen-Platzierung. Außerdem kann man so Videodateien kostengünstig archivieren.[282]

Allerdings macht man sich abhängig von den Bedingungen des Betreibers, hat z.B. keinen Einfluss auf die platzierte Werbung oder auf die Reputation des Betreibers, die auf die eigene abfärben kann. Nachteilig stellen sich darüber hinaus auch die anfallenden Produktionskosten, der hohe Zeitaufwand für die Pflege des Profils, das Monitorings und für den Stakeholder-Dialog dar.[283]

Da prognostiziert wird, dass Bewegtbildern im Internet zukünftig eine wachsende Bedeutung zukommt, ist eine Präsenz auf zumindest einem Videokanal wichtig, sofern sie in die Gesamtstrategie eingebunden werden kann und gut mit anderen Web 2.0-Anwendungen und der Homepage vernetzt wird.[284] Nicht überbewerten sollte man die Kommentierung als Erfolgskriterium, was

---

Videos als Reaktion darauf, wie zum Beispiel http://www.youtube.com/watch?v=e47wv-fpyb8 oder http://www.youtube.com/watch?v=0L_7mWTc76w, abgerufen am 29.9.11.

278 Vgl. Weinberg (2010), S. 316 ff.
279 Frank (2008), S. 570.
280 Siehe Bewegtbildstudie 2008, online unter www.bewegtbildstudie.de, abgerufen am 27.8.11.
281 Hilker (2010), S. 43.
282 Vgl. Bernet (2010), S. 84.
283 Ebd., S. 84.
284 Vgl. auch Schmidt (2010a), S. 32.

ein Vergleich von Abrufszahlen mit denen der Kommentare zeigt: Auch tausendfach aufgerufene Videos erhalten oft nur wenige Kommentare.[285]
Für manche Kulturinstitution mag indes nach einer sorgfältigen Abwägung von Aufwand und Nutzen, z.b. ein Auftritt bei Facebook genügen, wo man ebenfalls Videos einstellen kann. Allerdings bietet YouTube für manche Themen (Musik, Mode, Popkultur) die passende Darstellungsform. Es ist auch geeignet "für übersichtliche, schnell durchsuchbare Archive und das Hochladen größerer Informationsmengen".[286]

3.3.6 Podcasting

3.3.6.1. Definition

Ein Podcast ist "eine Audio- oder Mediendatei, die über das Internet zum Download verbreitet wird, normalerweise per RSS".[287] Der Begriff setzt sich zusammen aus "Pod" (abgeleitet von "iPod") und "cast" (Abkürzung für "Broadcasting", engl. Übertragung). Ein Podcast (Audio oder Video) ist einfach herzustellen und wirkt interaktiv. Wie Blogger, so aktualisieren auch so genannte "Podcaster" ihren Content regelmäßig.[288]
Podcasting bezeichnet somit die Herstellung von Audio- oder Videodateien, die man online abonnieren kann. Es funktioniert als Serie wie eine Art Online-Radio- bzw. Videosendung on demand und erscheint üblicherweise regelmäßig in einem festen Format. Allerdings bestimmt der User sowohl die Zeit des Abrufs als auch die Menge der abgerufenen Podcasts. Dieser Dienst ist üblicherweise kostenlos.[289]
Genutzt werden Podcasts häufiger von Männern (82 Prozent) als von Frauen (18 Prozent). Das Durchschnittsalter beträgt 29 Jahre.[290] Die Kommunikation des Pull-Mediums erfolgt zeitversetzt, einer-zu-vielen und einseitig, kann aber über die Kommentarfunktion eingeschränkt zweiseitig genutzt werden.[291] Beliebte Dienste sind iTunes, Podcast.de und Podster.de in Deutschland, Podcast.at in Österreich und Radioland.ch in der Schweiz.[292]

---

285   Ebd, S. 32.
286   Bernet (2010), S. 83.
287   Weinberg (2010), S. 329. Siehe auch Alby (2007), S. 73.
288   Vgl. ebd. S. 329. Siehe auch http://www.apple.com/de/itunes/, http://audacity.sourceforge.net, www.blubrry.com, http://watsonmusic.wikispaces.com/Podcasts, abgerufen am 26.9.11.
289   Vgl. Holst (2010), S. 141-143. Hier liegt der Schwerpunkt auf Audio-Podcasts.
290   Bernet (2010), S. 93.
291   Vgl. auch Rager/ Weber (2008), ix.
292   Bernet (2010), S. 93.

3.3.6.2. Anwendung

Da bei Kunstmuseen ein gehaltvoller Inhalt existiert, haben sie die besten Voraussetzungen für eine Podcast-Nutzung. Denn: "Das 'Produkt' ist hier selbst eine 'Story'."[293]

Um als Museum zu entscheiden, ob man sich dieser Nutzungsform bedienen möchte, lassen sich die besonderen Merkmale von Podcasts als Entscheidungsgrundlage heranzuziehen (nach Christian Holst[294]):

a) Die Wirkung ist direkter und emotionaler als z.b. nur durch Text, dessen Aufnahme auch als anstrengender empfunden wird. Podcasts wirken zwar flüchtiger, sind aber gut geeignet, um Meinungen, Ansichten oder Erklärungen zu einer künstlerischen Arbeit zu geben, zum Beispiel mit einem Hintergrundbericht zu einer Ausstellung.

b) Über Podcasts kann eine "hierarchiefreie Kommunikation" zum Interessenten aufgebaut werden durch eine persönliche, authentische Kontaktaufnahme. Durch Interaktion (Kommentierung, Bewertung) kann bestenfalls Nähe erzeugt werden. Hier liegt die Chance, "engagierte Botschafter" für die eigene Institution zu gewinnen, sofern die Ansprache auf Augenhöhe gelingt.

c) Wichtig ist jedoch, dass die Veröffentlichungen in regelmäßigen Abständen erfolgen. Doch gerade hier scheitern viele Kulturbetriebe. Häufig werden nur wenige Folgen hergestellt, dann gehen die Ressourcen (Personal, Zeit, Geld) aus. Bei Wirtschaftsunternehmen ggf. auch der Inhalt; diese Gefahr besteht in einem Museum eigentlich nicht.[295]

Schließlich ist die Produktion von Podcasts wesentlich zeitintensiver und teuer als beispielsweise die eines Blogs. Allerdings sind Audio-Podcasts kostengünstiger in der Herstellung als Videos und haben den Vorteil, dass sie nebenbei abgehört werden können (wie Radio), was ihre zunehmende Beliebtheit bei den Usern erklärt. Auch die Zahl der Podcast-Sender steigt kontinuierlich. Mittlerweile bedienen sich selbst etablierte Wirtschaftsunternehmen wie BMW und Nestlé des "Corporate Podcastings".[296]

Podcasts sind beliebt als "dekoratives" Element einer Homepage oder eines Profils, um die Aufmerksamkeit der Nutzer zu wecken. Es lassen sich auf diesem Weg sowohl Informationen übermitteln als auch neue Kontakte knüpfen und bestehende Bindungen festigen. Geboten werden können u. a. Audio- oder

---

293   Holst (2010), S. 143.
294   Ebd., S. 138-149.
295   Ebd., S. 144-145. Vgl. Clement / Papies (2008), S. 343.
296   Bernet (2010), S. 92. Vgl. Bogula (2007), S. 196-197. Vgl. Clement/ Papies (2008), S. 343.

Video-Mitschnitte von Pressekonferenzen, Interviews mit Kuratoren, Porträts von Künstlern, Features, Reportagen etc.[297]

Podcasts kommen der wachsenden Mobilität und Flexibilität der Gesellschaft entgegen, in der jeder User sich an jedem Ort zu jeder Zeit mit Hilfe mobiler Abspielgeräte ins Netz einwählt, sein eigener Programmdirektor wird und die gewünschten Inhalte aus dem multimedialen Angebot des Webs sucht und individuell kombiniert.[298]

Als Vorteil erweist sich beispielsweise eine mögliche Zweitverwertung von bereits existierendem Audio- oder Videomaterial. Zudem erhofft man durch Podcasts die Zielgruppe zu erweitern, neue Besucher zu finden und alte zu binden, da sich auch hier Netzwerkeffekte schaffen und nutzen lassen.[299] Bestenfalls lässt sich durch Kommentare ein Dialog anstoßen, falls dieser thematisch und inhaltlich passt.[300]

Nachteilig wirken sich indes die schon erwähnten relativ hohen Produktionskosten von Podcasts aus. Ob man die gewünschte Zielgruppe erreicht, ist nicht gewiss, wenngleich die Abo-Funktion zumindest die Zustellung der Information sicherstellt.[301]

Zu Bedenken ist, dass die tatsächlich realisierte Reichweite trotz allem begrenzt bleibt:

> Der Großteil der Aufmerksamkeit wird von wenigen populären Podcasts auf sich gezogen, deren Anbieter typischerweise Medienunternehmen sind, die bereits in anderen Märkten erfolgreich sind. Die Mehrheit der Angebote hat nur wenige regelmäßige Nutzer, sodass auch im Podcasting-Markt das Phänomen einer Long-Tail-Economy zu beobachten ist[302]

Zudem stellt gerade der ausgeprägte "On-Demand-Charakter" hohe Anforderungen an den Inhalt der Podcasts, die ansonsten nicht aufgerufen werden. Es existiert eine Vielzahl von Podcasts, der nur eine relativ geringe Zahl von Hörern gegenüber steht. Das bedeutet, die Mehrzahl der Angebote wird wenig oder gar nicht abgespielt.[303]

---

297   Bernet (2010), S. 93.
298   Vgl. Bogula (2007), S. 199-200.
299   Ebd., S. 200.
300   Bernet (2010), S. 94.
301   Clement/ Papies (2008), S. 337.
302   Clement/ Papies (2008), S. 336. Nach der "Long Tail"-Theorie von Anderson kann man im Internet mit Nischenprodukten Gewinne erwirtschaften, sofern eine große Menge davon angeboten wird. Der Name (engl. "Langer Schwanz") beschreibt die Optik der Verkaufsgrafik. Diese Erkenntnisse können auf das virale Marketing (welches die epidemische Verbreitung einer Idee oder eines Trends bezeichnet) übertragen werden. Siehe Anderson (2007). Vgl. Alby (2007), S. 153-155.
303   Clement/ Papies (2008), S. 344.

Wenngleich Podcasts für eine alleinige Bewerbung einer Ausstellung ungeeignet scheinen[304], so können sie doch eine sinnvolle, weil anschauliche Ergänzung im Marketing von Kunstmuseen darstellen, die das Bedürfnis der Menschen nach Unterhaltung und Information gleichermaßen erfüllen. Vorausgesetzt, entsprechender Inhalt ist vorhanden und Produkt, Medium und Zielgruppe passen zusammen.

So kann ein Künstler selbst zu Wort kommen. Best Practice lieferte die *Kunsthalle Mannheim* mit Magdalena Jetelova, die auf der Homepage in einem Podcast ihre Rauminstallation "Landscape of Transformation" zum Thema Menschenrechte erklärt.[305]

Interessant für angehende Besucher sind Einführungen zu laufenden Ausstellungen. So gibt z.B. das *Städelmuseum* mit einem Vodcast eine Einführung in "Beckmann & Amerika".[306] Kurze Audio-Podcasts zu vier Triptychen von Max Beckmann ergänzen die Online-Informationen zur aktuellen Schau.[307] In seiner Reihe "Pascals Kunstgeschichten" stellt das Frankfurter Museum Höhepunkte der Sammlung in Vodcasts vor.[308]

Das *MoMa* bietet mit seinen "30-Seconds-Video" Einblicke in den Museumsbetrieb.[309] Das New Yorker Museum bietet sogar Kunstkurse als Vodcast an, die man online belegen kann.[310]

3.3.7. Foto-Portal: Flickr

3.3.7.1 Definition

Auf Portalen wie Flickr kann man – sofern man sich mit einem Profil registriert hat – digitale Fotografien hochladen, kommentieren, bewerten, favorisieren, in Hitlisten aufnehmen, Tags setzen und verlinken. (Um die Inhalte zu betrachten, muss man indes kein Mitglied werden.) Der Fotostream ist gegliedert in Alben,

---

304 Vgl. ebd., S. 345.
305 http://www.kunsthalle-mannheim.eu/ausstellungen/rckblick/jetelova.html,   abgerufen   am 24.10.11
306 Online   unter   http://www.staedelmuseum.de/sm/index.php?StoryID=1306,   abgerufen   am 31.10.11.
307 Online   unter   http://www.staedelmuseum.de/sm/index.php?StoryID=1306,   abgerufen   am 31.10.11.
308 Online unter http://www.youtube.com/watch?v=NzP0zL1_oSw wird z.B. "Der Witwer" von Carl Spitzweg vorgestellt, abgerufen am 31.10.11. Ein Mitarbeiter des *Moma* spielt vor verschiedenen Bildern Saxophon. Online unter http://Moma.org/explore/multimedia/videos/6/66, abgerufen am 24.10.11.
310 Die Kurse kosten zwischen 175 und 200 Dollar. Online unter http://www.Moma.org/learn/courses/online#online, abgerufen am 24.10.11.

Galerien, Slideshows, Tags, Personen, Archiv, Favoriten und einem Profil. Die Dateien lassen sich sowohl in Blogs als auch in die eigene Homepage einbinden.[311] Es gibt kostenlose Konten und kostenpflichtige, die weitere Features und größere Speicherkapazitäten bieten.[312]

Die Kommunikation dieses Pull-Mediums verläuft zeitlich versetzt, einer-zu-vielen und einseitig, wenngleich ein Feedback durch die Kommentar-Funktion möglich ist.

Weltweit wird Flickr von 40 Mio. Menschen genutzt und zählt vier Milliarden Fotos und 5.000 Uploads in der Minute.[313] Allerdings ist die Nutzung von Fotosammlungen in Deutschland 2010 im Vergleich zu den Vorjahren gesunken: Gemäß ADR/ZDF-Onlinestudie nutzten 19 Prozent gelegentlich und zwei Prozent regelmäßig dieses Web 2.0-Angebot. Im Vergleich dazu waren es 2008 noch 25 bzw. 7 Prozent.[314]

Laut ACTA haben 2011 rund 18 Prozent der Deutschen (zumindest ab und zu) eigene Fotos ins Netz gestellt.[315] Die sinkenden Nutzerzahlen mögen darin begründet sein, dass einige spezifische Funktionen von Fotoplattformen in privaten Netzwerken integriert werden können – wie z.B. bei Facebook. "Dort ist das Einstellen von Bildern mittlerweile Usus und somit eine Konkurrenz für die originären Anbieter."[316]

Zwar überwiegt auch bei Flickr die passive Nutzung: 66 Prozent der User rufen nur Informationen ab und betrachten die eingestellten Fotos Anderer. Jedoch stellen 10 Prozent selbst etwas ein und 25 Prozent machen beides.[317] Das bedeutet, dass sich immerhin 35 Prozent – also etwa ein Drittel – aktiv in der Foto-Community bewegt.

Die Zielgruppe, die hier erreicht wird, ist recht breit gefächert, umfasst verschiedene Altersgruppen und Schichten.[318] Kernklientel sind jedoch auch hier die 14- bis 29-Jährigen, von denen 27 Prozent schon mal ein solches Angebot genutzt haben.[319]

---

311   Schmidt (2010a), S. 32. Siehe Janner (2010), S. 128. Vgl. Hilker (2010), S. 49. Behandelt wird hier Flickr, da andere Fotoplattformen (Picasa, Slideshare, Imageloop) derzeit in Deutschland eine untergeordnete Rolle spielen. Vgl. Weinberg (2010), S. 322. Vgl. Bernet (2010), S. 95.

312   Hilker (2010), S. 50.

313   Ebd., S. 49. Dass man auf Flickr auch kurze Videos hochladen kann, ist ein Nebenaspekt.

314   Busemann/ Gscheidle (2010), Tabelle 3, S. 362.

315   Siehe ACTA Trendreihen 1998-2011, im Anhang S. 114 ff.

316   Busemann/ Gscheidle (2010), S. 363.

317   Ebd., Tab. 5, S. 363.

318   Hilker (2010), S. 49 & 50.

319   Busemann/ Gscheidle (2010), S. 363.

3.3.7.2 Anwendung

Die Nutzung einer Fotoplattform bietet sich für ein Kunstmuseum an, da von wichtigen Ereignissen wie Vernissagen, Vorträgen von prominenten Wissenschaftlern, Künstlern o. Ä. sowieso Fotos gemacht werden (nicht unüblich sind feste Hausfotografen), die man auf Flickr einstellen kann. Zwar muss auch hier jemand die Fotoportale pflegen. Doch kostet die Nutzung selbst – zumindest für das Minimalprofil – kein Geld.

Auf der Beliebtheitsskala von Web 2.0-Nutzungsformen bei Museen in der Studie von Schmidt belegt Flickr jedoch nur Platz sechs. "Mit knapp 14 Prozent der untersuchten (…) Museen veröffentlichten weitaus weniger Kultureinrichtungen Fotos auf Flickr als Videos auf YouTube oder Vimeo."[320] Fotos und Videos bringen vergleichbare Vorteile, doch ist die Produktion von Videos teurer und der Aufwand höher.[321]

Ein Auftritt bei Flickr erhöht jedoch die Chance eines Austauschs mit Stakeholdern, eine bessere Vernetzung und Verbreitung, auch durch die Funktion des Taggings[322]. Zu jedem Foto müssen Titel, Datum und Beschreibung, damit es leicht gefunden werden kann.[323]

Die Fotoplattform ermöglicht nicht nur eine schnelle Verbreitung von Informationen, sondern koppelt diese an ein Foto, das emotionaler und direkter wirkt als beispielsweise nur Text. Das macht Flickr zu einem guten Networking-Tool mit effektivem Service und der Konzentration auf den Aufbau einer eigenen Community.[324] In der Flickr-Statistik kann man zudem direkt sehen, wie beliebt die eigenen Fotos sind und wie oft sie angeschaut werden, wie man auf die Seite gelangt ist etc.[325]

Wie bei Videos, ist es auch in der praktischen Arbeit mit Fotografien wichtig, sowohl die Urheberrechte der Künstler und Fotografen als auch die Persönlichkeitsrechten der Abgebildeten nicht zu verletzen.[326] Hiermit verbunden ist ein zusätzlicher Zeitaufwand (Organisation, Recherche) und ggf. Ausgaben (z.B. Honorare VG Bild-Kunst).

---

320 Schmidt (2010a), S. 32.
321 Ebd., S. 32.
322 Tagging = Zuweisen von Schlagwörtern, damit Inhalte bei einer Suche besser aufgefunden werden können.
323 Vgl. Bernet (2010) S. 95-96.
324 Weinberg (2010), S. 322.
325 Mehr dazu online unter http://www.flickr.com/help/stats/#1863, abgerufen am 29.9.11.
326 Vgl. dazu Fußnote 265 in diesem Buch.

Wenngleich laut Community-Richtlinien auf Flickr nicht offen für geschäftliche Zwecke geworben werden darf[327], so sind Museen als Non-Profit-Organisationen üblicherweise nicht betroffen und dürfen ein Profil anlegen.

Sucht man innerhalb der Gruppen nach dem Stichwort "Museen", findet man u. a. das *Berlin Museum*[328], das *MoMa*[329] oder das *Getty Center*[330]. Hier stellen User die Fotos ein, die sie beispielsweise bei ihrem letzten Besuch in einem der gelisteten Museen gemacht haben. Wie man feststellt, ist es zwar einerseits praktisch, wenn andere Nutzer schon für eine Präsenz des Museums auf Flickr gesorgt haben, in dem sie Fotos von Vernissagen etc. einstellten.[331] Andererseits hat man dadurch keine Kontrolle über die Darstellung, da man keinen Einfluss nehmen kann auf die Fotos Anderer. Man kann nur mit eigenen Bildern und einem selbst angelegten Profil entgegenwirken.

Betrachtet man einige Beispiele aus der Praxis, so fällt auf, dass die Eigendarstellungen der Kunstmuseen sehr unterschiedlich ausfallen. So findet man von der *Kunsthalle Mannheim* überwiegend Fotos von einzelnen Kunstwerken, die Privatleute gemacht haben mit meist nur einem kurzen Hinweis auf Titel, Künstler und Entstehungsjahr. Kommentare sind selten.[332] Ein eigenes Profil der Institution fehlt.

Lebendiger wirken dagegen die Fotos des *Kunstmuseums Stuttgart* mit Impressionen von Besuchern und schönen Architekturaufnahmen.[333] Auch das *ZKM* hat eine eigene Seite mit qualitativ hochwertigen Fotos.[334]

Das Frankfurter *Museum für Moderne Kunst* (*MMK*) weist in seiner Präsenz sechs Alben auf, jedoch sind die Fotos (von Pressekonferenzen, Ausstellungsaufbauten) nicht besonders ansprechend und werden kaum neue Besucher ins Museum locken. Auf den Fotos ist niemand markiert, keine Tags wurden gesetzt, keine Galerien erzeugt.[335]

Das *Städel* hingegen hat sich als Person registriert, einen eigenen Fotostream eingerichtet und wartet mit einer kurzen Beschreibung, Eckdaten und Verlinkung zur Website, Blog, Facebook, YouTube, Twitter und Friendfeed auf.

---

327   Zitat: "Nutzen Sie Flickr nicht als Verkaufsplattform. Wenn wir feststellen, dass Sie Flickr für kommerzielle Aktivitäten nutzen, werden wir Sie verwarnen oder Ihren Account löschen." Online unter http://www.flickr.com/guidelines.gne, abgerufen am 8.8.11.

328   Online unter www.flickr.com/groups/berlin-museum/, abgerufen am 29.9.11.

329   Online unter www.flickr.com/groups/themuseumofmodernart/, abgerufen am 29.9.11.

330   Online unter www.flickr.com/groups/thegetty/, abgerufen am 29.9.11.

331   Vgl. Bernet (2010), S. 96.

332   Online unter http://www.flickr.com/search/?q=Kunsthalle%20Mannheim, abgerufen am 29.9.11.

333   Online unter http://www.flickr.com/search/?q=Kunstmuseum%20Stuttgart, abgerufen am 29.9.11.

334   Online unter http://www.flickr.com/search/?q=ZKM%20Karlsruhe, abgerufen am 29.9.11.

335   Online unter http://www.flickr.com/photos/mmk-frankfurt/, abgerufen am 29.9.11.

In dem das Frankfurter Museum auch eigene Lieblingsfotos angibt, wird eine Form der Personalisierung vorgenommen. Zwar zählt man insgesamt 24 Alben zu unterschiedlichen Anlässen (wie Vernissagen, Sommerakademie oder einer Langen Nacht der Museen), jedoch hat selbst das *Städel* keine Galerien erstellt und die aktuellsten Fotos sind zwei Monate alt.[336]

Ein internationaler Blick auf die *Tate Galleries* zeigt, dass das Potenzial von Flickr auch von dem Londoner Museum nicht ausgeschöpft wird. Viele der hochgeladenen Fotos bilden Familien- oder Kinder-Workshops ab und sind nicht von allgemeinem Interesse.[337]

Worst-Practice zeigt das *Lehmbruck-Museum*, dessen Fotos von minderer Qualität sind und sich wiederholen, was auf einer Fotoplattform eine fatale Wirkung haben kann.[338]

Überhaupt wirkt die Gesamtoptik der Foto-Plattform amateurhaft, was sich auf die Darstellung der Ausstellungshäuser auszuwirken scheint. Selbst große Kunstmuseen haben keinen eigenen Auftritt auf der Fotoplattform. Beispielsweise hat sogar das sonst in Sachen Social Web so vorbildliche *NRW-Forum Düsseldorf* zwar ein Profil, doch es ist leer.[339] Andere Ausstellungshäuser pflegen ihr Profil nicht, wie z.B. die *Kunsthalle Bremen*, deren letzter Eintrag zwei Jahre zurück liegt.[340]

Dass man auf Flickr mit Fotos von eigenen Ausstellungen, Events oder Kunstwerken aus der Sammlung eine virtuelle Galerie aufbauen könnte, wäre eigentlich eine geradezu ideale optische Spielwiese für Kunstmuseen. Dennoch wird diese Möglichkeit zur Präsentation von den deutschen Ausstellungshäusern bisher nicht genutzt.

Die Chancen, über das Thema Fotografie mit Interessierten in einen Dialog zu treten, ergreifen die Mehrzahl der auf Flickr präsenten Ausstellungshäuser nicht. Kommentare und anderes Feedback findet man selten. Darüber hinaus sind die wenigsten der Museen Mitglied einer Gruppe oder haben eigene Kontakte geknüpft.[341] Immerhin wird die Anwendung gebraucht, um Fotomaterial für die Pressearbeit bereitzustellen, welches überwiegend eindeutig betitelt und verschlagwortet ist.[342]

---

336   Online unter http://www.flickr.com/photos/staedelmuseum/, abgerufen am 29.9.11.
337   Online unter http://www.flickr.com/photos/tategallery/, abgerufen am 29.9.11.
338   Online unter http://www.flickr.com/photos/lehmbruckmuseum/, abgerufen am 29.9.11.
339   Online unter http://www.flickr.com/photos/28330364@N08/, abgerufen am 29.9.11.
340   Online unter http://www.flickr.com/photos/kunsthalle-bremen/, abgerufen am 29.9.11.
341   Schmidt (2010a), S. 34-35.
342   Ebd., S. 35. Vgl. auch Bernet (2010), S. 96-97.

3.4 Fazit Web 2.0

Mit der wachsenden Nutzung des Social Web verändert sich unsere Kommunikation. Vor allem Menschen zwischen 14 und 35 Jahren verlagern schon heute weite Teile ihres dialogischen Austauschs mit Anderen ins Web 2.0. Diese Entwicklung scheint nicht aufzuhalten und es ist ratsam, diese Dynamik weiter zu beobachten. Unklar ist jedoch, in welchem Umfang und wie die konkreten Ausprägungen sich manifestieren werden.

Wünschenswert für ein Museumsmarketing wäre es, die skeptische Grundhaltung gegenüber neuer Computer-Technologie zu überwinden und das Social Web zu nutzen, soweit es bereichernd wirkt. Die Frage bleibt, ob und wie man es schafft, die potenziellen Kunden auch dazu zu bewegen, physisch ins Ausstellungshaus zu kommen.

Wie die Nutzerzahlen belegen, kann man bereits heute eine enorme Zahl von Menschen über das Web 2.0 erreichen. Nach weitgehend akzeptierten Theorien der Kognitionspsychologie nehmen Informationen, die aus einer kommunikativen Interaktion gewonnen werden, beim Rezipienten einen höheren Stellenwert ein, als jene, die etwa über Push-Medien verbreitet werden. Ein Rezipient misst Informationen, zu denen er einen persönlichen Bezug hat, eine höhere Bedeutung bei – und ist daher, nach dem Elaboration-Likelihood-Modell von Petty und Cacioppo, eher geneigt, konkretes Verhalten folgen zu lassen.[343]

Das bedeutet: Ein Museumsbesuch scheint deutlich wahrscheinlicher bei Menschen, die Informationen aus Web 2.0-Anwendungen (Pull-Medien) "interaktiv erarbeitet" haben, als bei Menschen, die eine klassische Anzeige oder Bannerwerbung (Push-Medien) gesehen haben – ganz abgesehen von den hohen Streuverlusten klassischer PR- und Werbe-Maßnahmen.

Da die Nutzungsformen im Web 2.0 überwiegend Pull-Medien sind[344] und Push-Medien (wie z.B. E-Mail-Verteiler) durch sie verdrängt werden, schwindet gleichzeitig die Kontrolle über die Kommunikation aus. "Es ist das Wesen der Social Software, dass der Einzelne zumindest teilweise die Kontrolle über die Inhalte verliert."[345] Doch muss dieser Kontrollverlust nicht negativ bewertet

---

343   Petty und Cacioppo gehen davon aus, dass eine Mitteilung entweder zentral oder peripher verarbeitet wird. Bei der zentralen Art hat der Rezipient ein Wissensbedürfnis und Interesse an der Mitteilung. Bei der peripheren nicht: Das Thema hat eine geringe Relevanz, weshalb nur eine schwache, instabile Einstellungsänderung die Folge ist. Auf zentralem Weg aber ist die Änderung stabil, sein Verhalten zumindest bedingt prognostizierbar. Petty/ Cacioppo (1996), S. 262 ff. Vgl. Eagly/ Chaiken (1993), S. 305 ff.

344   Auch ein RSS-Feed ist meiner Meinung nach ein Pull-Medium, da der User diese Form eines Abonnements aktiv bestellen muss – es sich also absichtsvoll aus dem Netz "zieht".

345   Rager/ Weber (2009), S. 110. Wie die bereits erwähnten Beispiele (der Fall von Eva Herrmann, der Rücktritt von Horst Köhler, Unternehmensverluste bei Kryptonite) verdeutlichen.

werden. So besagt die Theorie der Aufmerksamkeitsökonomie, dass heutzutage die Zeit, die man etwas widmet, weit wichtiger sei, um Gemeinschaft zu stiften und einen stärkeren Zusammenhalt in der Gesellschaft zu erzeugen, als der Konsum von Gütern.[346] In diesem Sinne wäre es nicht so bedeutsam, wenn die Kontrolle über Inhalte entgleitet. Viel gewichtiger wäre es, dass überhaupt über das eigene Museum im Social Web kommuniziert wird, dass es von Fans und Follower ins Gespräch gebracht wird, auch wenn diese vielleicht nicht dem Image des Hauses entsprechen, dafür aber die notwendige Glaubwürdigkeit mitbringen.

Hier muss umgedacht werden: weg vom Monolog, hin zum Dialog, weg vom traditionellen Denken einer Marketingabteilung (mit Kontrolle und Einflussnahme), hin zu einem offenen Ansatz. Die Nutzer von sozialen Netzwerken tauschen sich sowieso untereinander unabhängig von Institutionen aus, "um das, was sie brauchen, voneinander zu bekommen statt von traditionellen Unternehmen". Dies sei eine "unumkehrbare Veränderung bei den Beziehungen der Menschen zu Unternehmen und untereinander".[347]

Ein Szenario könnte so aussehen, dass man zukünftig seine Informationen nur noch von Facebook-Freunden, Twitterati oder Bloggern bezieht, deren Empfehlungen man als User sowieso mehr Glauben schenkt als einer Pressemitteilung oder einem Zeitungsartikel und die daher mit höherer Wahrscheinlichkeit dazu führen, dass man sich z.B. eine Ausstellung tatsächlich anschaut.[348] (Vgl. Elaboration-Likelihood-Modell, s.o.)

Auf diese Weise wird zum Beispiel auch zunehmend die Presse umgangen, die bisher als "Gatekeeper" für Informationen fungierte. Im Web 2.0 werden diese vorgeschalteten Filter obsolet, was zu jener eingangs erwähnten Demokratisierung von Wissen führen kann.[349] Allerdings erfordert eine auf diese Weise weniger strukturierte und nicht vorsortierte Flut von Informationen einen kompetenten Nutzer, der mit dieser umzugehen weiß.[350] Unter Umständen ist es schwieriger, einen unabhängigen Blogger einzuschätzen, als den Redakteur der abonnierten Lokalzeitung, dessen Grundeinstellungen man als Leser nach einer

---

346 Franck (1998).
347 Li/ Bernhoff (2009), S. 16.
348 Laut Online-Umfrage von "MuseumsNext" 2011 (über Facebook-Fanseiten britischer Museen) glauben 83 Prozent, dass sie eher eine Ausstellung anschauen, wenn ein Freund sie ihnen empfohlen hat. Siehe Richardson (2010). Vgl. Bogula (2007), S. 201. Vgl. Rudolph/ Emrich/ Meise (2008), S. 193.
349 Vgl. Zerfaß/ Sandhu (2008b), S. 293f.
350 Vgl. auch Henner-Fehr (2011).

Weile kennt, da er einer gewissen Heftlinie folgen muss, den journalistischen Grundsätzen und moralisch dem Grundgesetz verpflichtet ist.[351]

---

351 Deutscher Journalisten-Verband, Grundsatzprogramm, S. 4, online unter
     http://www.djv.de/fileadmin/DJV/Journalismus_praktisch/Broschueren_und_Flyer/DJV_Grund
     satzprogramm_2009.pdf. Vgl. auch Rau (2004).

4. Implementieren von Web 2.0 in das Marketing-Konzept eines Kunstmuseums

4.1 Zur Vorgehensweise

Der Paradigmenwechsel in der Kommunikation erfordert neue Konzepte. Mit den veränderten Kommunikationsformen müssen neue Strategien entwickelt werden. Gerade im Social Web funktionieren nicht einzelne Anwendungen, losgelöst von einander, sondern im Zusammenspiel, sinnvoll eingebettet in eine Gesamtstrategie.[352]

Die Nutzung des Web 2.0 ist Teil der Kommunikationspolitik und mit dieser wiederum Teil des operativen Marketings, das auf einer strategische Marketingplanung aufbauen sollte, die wiederum auf der strategischen Unternehmensplanung fußt.[353]

Besonders ist die Situation eines Museums darüber hinaus durch seine komplexe Zielorientierung – der Ziel-Trias aus:

1. Erfüllung des kulturellen Ziels bzw. öffentlichen Auftrags (die Mission)
2. zu diesem Zweck Ansprache bestimmter Zielgruppen
3. optimales Erreichen des Betrags zur Bestandssicherung (d.h. den eigenen Beitrag zur Kostendeckung erhöhen).[354]

Vorab muss sich ein Museumsmarketing[355] generell bewusst machen:

---

352 Best-Practice liefert das *Städel*, das alle Plattformen des Social Webs bespielt und an verschiedenen Stellen (Homepage, Facebook etc.) zusammenführt, einzelne Maßnahmen verzahnt und einer Gesamtstrategie folgen lässt. Die "Mein-Städel"-Community wird derzeit überarbeitet (Stand: 6.12.11). Online unter http://www.staedelmuseum.de/sm/, abgerufen am 24.11.11. Vgl. Weinberg (2010), S. 336.

353 Zur Realisierung von Kommunikationskonzepten allgemein vgl. auch Zerfaß (2010), S. 358 ff.

354 Klein (2003), S. 25-26. Zu den Besonderheiten eines Non-Profit-Marketings vgl. Bruhn (2008), S. 24-26. Vgl. auch Bruhn (2007b), S. 13 ff.

355 Kulturmarketing wird hier verstanden als eine Denkhaltung, im Rahmen dieser sich alle Aktivitäten einer Organisation an den Erwartungen ihrer Anspruchsgruppen orientieren und

1. Wo stehen wir gegenwärtig? Was ist der Zweck unseres Museums? (*Mission*)
2. Wer sind unsere *Leistungsempfänger*?
3. Welche *Leistungen* werden angeboten?
4. Wo wollen wir hin? Welche strategische Ausrichtung verfolgen wir? (*Vision*)

Daraus ergeben sich wiederum im Hinblick auf die Web 2.0-Nutzung vorab weitere Fragen[356]:

- Welches *Ziel* verfolgt man mit dem Einsatz von Social Web? (Will man z.b. Besucherzahlen erhöhen, dann sind die Zugriffszahlen auf Web 2.0-Nutzungsformen interessant.[357])

- Welche *Zielgruppe* möchte man erreichen? (Z.B. Menschen zwischen 18 und 30 Jahren. Eine Analyse der Nutzerzahlen nach Altersgruppen hilft festzustellen, wo und wie diese im Internet erreichbar sind.)[358]

- *Zeitliche Achse*:
  a) Welche *Veränderungen* strebt man in welchem Zeitraum an?
  b) Max. zeitlichen *Aufwand* vorher festlegen (Zeitmanagement)

- Welche *inhaltliche Ausrichtung* soll die eigene "Community" tragen? (*Vision?*)

- Wie bringt man Web 2.0-Anwendungen und andere Kommunikationsformen (Homepage, Newsletter, E-Mail) in ein sinnvolles *Zusammenspiel* bzw. wie zieht man eine klare *Abgrenzung*?

- Wie hoch sind die *Personalkosten* bei täglicher Pflege? Über welche Kapazitäten von Ressourcen verfügt man für wie lange? (Vorab-Kalkulation)

"darauf abzielen, die finanziellen, mitarbeiterbezogenen und insbesondere aufgabenbezogenen Ziele der Non-Profit-Organisation zu erreichen". Siehe Bruhn (2005), S. 63.

356 Der Fragenkatalog orientiert sich an den Empfehlungen von Henner-Fehr in Bezug auf Blogs und von Weber/ Kopka zur Nutzung von sozialen Netzwerken. Vgl. Henner-Fehr (2010), S. 160. Vgl. Weber/ Kopka (2010), S. 173. Vgl. auch Bernet (2010), S.79-81. Vgl. Vogelsang/ Minder/ Moor (2011), S. 67 ff.

357 Mehr zur konkreten Zieldefinition siehe S. 94 f in diesem Buch.

358 Henner-Fehr (2010), S. 160.

- Wer ist für die Social Media-Pflege zuständig? Wer gibt ggf. sein Gesicht dafür her, wenn eine Form von *Personalisierung* erforderlich wird?

- *Umsetzung*: Must-have, Nice-to-have, Ideal? Passt Maßnahme ins Gesamtkonzept?

- Welchen *Beitrag* leistet der Einsatz von Web 2.0 zum Erreichen der *Unternehmensziele*?[359] (Kritisches Abwägen zwischen Kosten und Nutzen einer Anwendung.)

- *Web 2.0-Policies* festlegen: Wie weit dürfen Interna nach außen dringen? Welche Sprache und Ansprache werden gewählt?

- *Widerstände eruieren*: Welche Prozesse, Vorstellungen, Personen könnten dem Aufbau entgegenstehen?[360]

4.2 Der Einsatz von Web 2.0 im Museumsmarketing

Welchen Beitrag kann Social Media also zum Erfolg eines Museumsmarketings liefern? Eine Chance stellt gerade die veränderte Rolle des Nutzers dar, hin zum aktiven Prosumer. Denn: "Aus Sicht des Kulturmarketing (...) ist die Kundenbeteiligung in den Marketingaufgaben ein wichtiges strategisches Ziel."[361]

Die konsequente, langfristige Ausrichtung auf die Besucher ist das Ziel – Stichwort Customer Relationship Management (CRM). Gemäß Peter Drucker ist der Zweck eines Unternehmens daher nicht in erster Linie Gewinn zu machen, sondern "einen Kunden zu finden" – als grundlegende Voraussetzung für alles Weitere. Auch der Kulturbetrieb muss seine "Kunden" (sprich Besucher) finden.[362] Das bedeutet: Die Kulturinstitution muss alle Anstrengungen unternehmen, "das, was sie künstlerisch-ästhetisch produziert, einem größtmöglichen Kreis von Interessenten nahe zu bringen"[363]. Nach Colbert werden nur jene Marktsegmente anvisiert, die auch "aussichtsreich für das Kulturprodukt interessiert werden können ".[364]

---

359 Rager/ Weber (2009), S. 109.
360 Weber/ Kopka (2010), S. 173.
361 Kaul (2010), S. 20.
362 Klein (2007), S. 99. Mehr zu CRM siehe Bruhn (2007a).
363 Klein (2007), S. 100.
364 François Colbert, zitiert nach Klein (2008), S. 539.

Damit die Umsetzung erfolgreich gelingt, müsse die *Besucherorientierung* gelebt werden und integraler Bestandteil der Unternehmenskultur werden, der "Funktionsegoismus" überwunden und alle Museumsmitarbeiter koordiniert eingebunden werden in die Umsetzung.[365] (Ähnliches gilt für das Social Web: Seine Nutzung ist ebenfalls Teamarbeit, die nur funktioniert, wenn sich das Museum als Ganzes einbringt.[366])

Notwendige Voraussetzung für eine konsequente Besucherorientierung ist die *Besucherforschung*. Das Museum muss wissen, wer seine Besucher und wer seine Nicht-Besucher sind, welche Bedürfnisse, Erfahrungen und Vorkenntnisse sie mitbringen und welche Erwartungen sie an das Museum stellen.[367]

> Erst durch die Kenntnisse über die Besucher (...) kann das Museum seine Produkte gestalten, d.h. die Bereitstellung adäquater Angebote für unterschiedliche Besuchersegmente anbieten.[368]

Zum Einsatz kommt hier die Nachfrageanalyse.[369] Quantitative Erhebungen (wie Umfragen) lassen sich mittels Fragebögen auch im Social Web durchführen, z.b. über soziale Netzwerke oder Twitter. Besucherforschung kann sich aber auch über eine Form der Beobachtung vollziehen, die ebenfalls im Web 2.0 stattfinden kann, wo sich potenzielle und Nicht-Besucher miteinander austauschen. Indem man ihnen zuhört, kann man unter Umständen viel über das eigene Haus erfahren kann, aber auch über Mitbewerber.[370]

Wünschenswert wäre es, die anonyme Nutzung der eigenen Web 2.0-Angebote zu überwinden, beispielsweise durch eine Form der Registrierung, wenn es darum geht, "soviel wie möglich über die eigene Zielgruppe zu erfahren, z.b. durch Auswertung von häufig eingegebenen Suchbegriffen auf der Website, Forenbeiträgen und Anfragen".[371] (Allerdings darf man nicht vergessen, dass "Zwangsregistrierungen" wiederum die nur peripher Interessierten ausschließen.) Zusätzlich zu quantitativen sind qualitative Erhebungen denkbar, wie z.B. einerseits Interviews mit "großen Fans" (was schätzen sie besonders), andererseits mit Kritikern (was missfällt ihnen und warum).

---

365   Klein (2003), S. 27-28. Siehe auch Heinze (2009), S. 88 ff. Vgl. Hausmann (2001), S. 57 ff.
366   Vgl. Interview mit Susanne Gaensheimer (Schmidt (2010d)) & mit Klaus Schrenk (Schmidt (2010c)).
367   Vgl. Lenders (1995), S. 63.
368   Ebd., S. 64.
369   Zur Nachfrageanalyse vgl. Klein (2008), S. 542. Mehr zu Besucherforschung: Klein (2003), S. 45-86. Vgl. auch Terlutter (2000), S. 39 ff & 91 ff. Vgl. auch Schenk/ Taddicken/ Welker (2008a), S. 243-266.
370   Da die Besucherforschung selbst eine komplexe Wissenschaft darstellt, wäre das Outsourcen an professionelle Marktforschungsunternehmen sinnvoll, sofern die finanziellen Mittel vorhanden sind.
371   Bogula (2007), S. 176.

Die Ergebnisse aus der Besucherforschung liefern die Grundlage für die Lösung der Hauptaufgaben des Marketings: der Besucherbindung, der Besucherakquisition, der Leistungspflege und der Leistungsinnovation. Hierbei kommt das Web 2.0 mit seinen verschiedenen Angebotsformen zum Einsatz.

4.2.1 Besucherbindung

Eine dauerhafte Bindung zu den Besuchern aufzubauen und sie zum Wiederkommen zu animieren, ist ein Hauptanliegen jedes Museums und eine wichtige Säule des Customer Relationship Management. Allerdings ist es für ein Kunstmuseum nicht nur wichtig, dass viele Besucher kommen, sondern auch, dass sie zufrieden gestellt werden, damit sie wiederkommen und positive Mundpropaganda betreiben.[372]
Sinnvoll sei es, so Klein, sich an folgender Wertschöpfungskette zu orientieren:

1. seltene Besucher zu häufigeren Besuchen anregen (in speziellen Marktsegmenten)
2. häufige Besucher als Mitglieder gewinnen (z.b. im Förderverein)
3. Mitglieder zu "hochengagierte Museumsträger" aufbauen.[373]

Dieses Vorgehen sei zwar aufwändig und personalintensiv, dafür aber nachhaltig. Denn es erzeuge dauerhaft treue Besucher, die sich der Einrichtung verbunden fühlten und nicht zur wachsenden Zahl konkurrierender Kulturanbieter wechselten.[374]

Web 2.0-Anwendungen lassen sich auf der Ebene des operativen Marketings zur Besucherbindung wie folgt in das Marketing-Mix einbringen[375]:

a) Produkt-politische Besucherbindung:
Produktnutzen, Zusatzleistungen und individuelle Angebote können über Plattformen des Web 2.0 angeboten werden – wie eine Art Promi-RSS (z.B. wenn neue Fotos in eine Flickr-Galerie eingestellt wurden) oder Twitternachrichten nur an besonders treue Besucher schicken (z.B. mit einem Link zu einem interessanten Podcast auf YouTube zur aktuellen Ausstellung, Talkrunden mit Wissenschaftlern oder Künstlern auf YouTube).

---

372 Lenders (1995), S. 18-23. Vgl. Klinke (2000), Kap. 4.
373 Klein (2007), S. 127.
374 Ebd., S. 127.
375 Gliederung analog zu Klein (2007), Abb. 10., S. 42.

Über Wikis können Infos zu Ausstellungen, Künstlern, Kunstrichtungen etc. gegeben werden. Auch Abo-Dienste (wie RSS-Feed), Podcasts und soziale Netzwerke können zur Information der Besucher genutzt werden, um ihre Zufriedenheit positiv zu beeinflussen, um erst eine Interaktion, dann eine stabile Kundenbindung zu erzeugen.[376]

b) Preis-politische Besucherbindung:

Eine Preisgarantie, Prämien- oder Rabattsysteme können über das Social Web kommuniziert und mittels besonderer Aktionen finanzielle Anreize für Besucher geschaffen werden. Zum Beispiel: Die ersten Hundert User, die ein Retweet auf ein Museums-Tweet schreiben, erhalten kostenlos ein Ticket für eine Sonderausstellung, einer Museums-Party oder eine besondere Kuratorenführung durch die Schau.[377]

c) Kommunikationspolitische Besucherbindung:

1. Werbung: Werbebannerschaltung ist auf allen Plattformen möglich, allerdings mit zusätzlichen Kosten verbunden. Einbezogen werden kann das Targeting (zielgruppenorientiertes Einblenden von Werbung auf Webseiten), was aber sehr teuer ist.
2. Pressearbeit: Hier ist das Web 2.0 vielseitig einsetzbar: Journalisten informieren und kontaktieren über Twitter und soziale Netzwerke, Fotos werden zum Download auf Flickr bereitgestellt, Informationen über YouTube, Blogs, Podcasts oder Abo-Dienste.
3. Public Relations: Für die Öffentlichkeitsarbeit ist das Web 2.0 eine gute Ergänzung zum traditionellen Instrumentarium, z.B. können Newsletter und Mailings über soziale Netzwerke an Freunde, Fans oder Follower verteilt werden. Hier kann man auch bereits bestehende Kontakte zu Politik, Wirtschaft, Kultur etc. pflegen, Beziehungsarbeit zu den relevanten Teilöffentlichkeiten systematisch aufbauen, um erst Vertrauen und dann Unterstützung zu gewinnen.

> Um diese Ziele zu erreichen, liefert Öffentlichkeitsarbeit immer wieder neue Informationen, lädt ein zu meinungsbildender Kommunikation und motiviert zum Mitmachen (in ehrenamtlicher oder finanzieller Form).[378]

Dies alles ist auch mit Hilfe des Social Web möglich. Hier kann z.B. eine Besucherkarte angeboten werden oder ein VIP-Club eingerichtet (als exklusive

---

376   Vgl. Möhlenbruch/ Dölling/ Ritschel (2008), S. 205 ff.
377   Vgl. Klinke (2000), Kap. 2.1-2.4.
378   Jürgens (2008), S. 617.

Gruppe in einem sozialem Netzwerk). Eine Besucherzeitschrift könnte als Blog herausgeben werden (per RSS abonnierbar).

Allerdings sollte das Social Web nur als Ergänzung dienen und keine traditionellen Maßnahmen verdrängen, weil es schwierig sein dürfte, allein über Web 2.0-Anwendungen neue Kontakte nachhaltig zu gewinnen. Dies ist wohl eher durch die Face-to-Face-Kommunikation möglich.[379]

d) Distributionspolitische Besucherbindung:
Auch der Direktvertrieb ist über das Web 2.0 möglich. Online-Bestellungen können über soziale Netzwerke abgewickelt werden, ebenso der Verkauf von Ausstellungskatalogen (z.b. Shop auf Facebook oder Amazon, kombiniert mit Kommentierungen etc.)

Mit dem Web 2.0 ergeben sich Möglichkeiten des E-Commerce (Ticketing, Online-Buchungen zu Führungen, Vorträgen etc.). Denkbar wäre außerdem eine Art Abo (ähnlich wie im Theater) oder ein Kombiticket, das man über das Web 2.0 erhält, ggf. vergünstigt.

e) Service-politische Besucherbindung:
Ausgewählten Besuchern kann man eine besondere Behandlung zu teil werden lassen (analog zu Besucherkarte und Besucherclub[380]), z.B. Fans und VIPs in eine exklusive Facebook-Gruppe einladen und Vorzüge gewähren. Für derartige Memberships sind soziale Netzwerke ideal. Auf Twitter kann man z.b. Listen der größten Fans erstellen.[381]

Ein Value Added Service (Zusatzdienstleistung) kann ein kostenloses Glas Sekt bei der Singles-Führung sein oder eine exklusive Führung bei einer langen Museumsnacht, die über die Web 2.0-Plattformen kundgetan oder ausgelost werden. Das *LWL-Museum für Archäologie Westfälisches Landesmuseum Herne* plant z.B. Vergünstigungen an Fans zu vergeben, die sich über mobile Location-Services beim Museum einloggen.[382]

Besonders engagierte Fans adelt man mit persönlichen Botschaften des Museumsdirektors oder einem ausgestellten Künstler (über Facebook, Twitter etc.). Aber auch Beratung und Service-Hotlines sind über soziale Netzwerke und Mikroblogging möglich und bieten zusätzlichen Kundenservice.

---

379   Zur Bedeutung der Face-to-Face-Kommunikation vgl. Rusch (2008), S. 146-154.
380   Siehe Klein (2003), S. 182 ff & S. 194 ff.
381   Vgl. Henner-Fehr (2011).
382   Das verkündete *LWL*-Museumsleiter Josef Mühlenbrock auf Facebook in der Gruppe "Museum 2.0" am 15.9.11. Online unter http://www.facebook.com/#!/groups/139168352800567/, abgerufen am 24.11.11. Die Informationen, die ein Museum über einen solchen standortbezogenen Dienst zur Verfügung stellt, kann ein Interessierter mit Hilfe eines Handys ortsunabhängig aufrufen.

Allgemein lässt sich bei den Usern das Bedürfnis nach Unterhaltung und Information ausmachen (vgl. Abb. 2, S. 29). Dieses kann erfüllt werden, indem man

- persönlich wird (z.b. der Direktor twittert selbst[383])

- über einen Dialog Nähe herstellt (z.b. Besucher auf der eigenen Facebook-Seite dazu anregt, Rezensionen über die aktuellen Ausstellungen bzw. den Ausstellungskatalog zu schreiben oder zur Beteiligung an Aktionen aufruft.[384])

- ansprechende Audio-Podcasts und Videofilme einstellt (über Künstler, verschiedene Kunstrichtungen, kurze Interviews auf YouTube oder Homepage etc.), die den Nutzer sowohl informierten als auch unterhalten

- Gewinnspiele, Kunst-Rätsel u. Ä. auf Netzwerken präsentiert[385]. Kombiniert man die Teilnahme mit einer Bitte um Feedback, geködert z.b. mit einem Incentive, lässt sich hier gleichzeitig überprüfen, wen man (in Bezug auf Alter, Geschlecht, Herkunft) über die einzelnen Nutzungsformen tatsächlich erreicht hat.

Darüber hinaus nennt Klein drei interne Maßnahmen, die der Besucherbindung dienen[386], die ebenfalls – zumindest teilweise – über Web 2.0-Anwendungen laufen könnten:

1. *Besucherzufriedenheitsmessung* (Evaluation): z.b. Umfragen auf sozialen Netzwerken, unter den Twitter-Follower etc.[387]

2. *Beschwerdemanagement:* Auswertung von Kommunikation in sozialen Netzwerken, Twitter, Media Sharing Plattformen, Analyse von Kommentaren auf Blogs u.ä.

---

383 Wie z.B. Ausstellungsleiter Werner Lippert beim *NRW-Forum Düsseldorf.*
384 Z.B. beim Plakatvoting für den *Kunstverein Mannheim,* der per Mailverteiler zum Voting auf Facebook aufruft. Online unter http://www.guteplakate.de/content/pentti-sammallahti-momentum und http://www.guteplakate.de/content/maike-sander-bruder-amp-schwester, abgerufen am 24.11.11.
385 Z.B. Facebook-Quiz-Reihe "Für Euch gesammelt" des *MMK Frankfurt,* bei dem es um ein Kunstwerk aus der Sammlung geht. Online unter http://www.facebook.com/mmkfrankfurt, abgerufen am 6.12.11.
386 Vgl. Klein (2003), Abb. 10, S. 42.
387 Kundenzufriedenheit zur Qualitätssicherung siehe Kirf/ Rolke (2002), S. 77 ff.

3. *Besucherrückgewinnungsaktionen:* besondere Angebote, die mit einem Mehrwert verbunden sind. (Auch hier sind ggf. Spiele und Quize denkbar).

Interessanterweise tragen nach den Ergebnissen einer Studie von Kaul zur Besucherbindung vor allem Media Sharing Plattformen (wie YouTube und Flickr) bei. Vor allem im Vergleich mit anderen Marketinginstrumenten wie der Lead-User-Methode und der Markenidentifikation konnten jedoch Plattformen zum Informationsaustausch (Bewertungsseiten wie Qype, Kaufempfehlungen z.b. auf Amazon) und soziale Netzwerke nicht in signifikantem Ausmaß punkten.[388]

4.2.2 Besucherakquisition

Die zweite Säule des Customer Relationship Management ist die Akquisition, unter die alle Maßnahmen subsumiert werden, die dazu dienen, potenzielle Besucher erstmals auf ein bestimmtes Kulturangebot aufmerksam zu machen und im zweiten Schritt zur Teilnahme zu aktivieren (z.b. an einer Ausstellungseröffnung, einem Vortrag, einer Führung etc.). Will man Besucher dauerhaft an sich binden, sollten diese sich nach ihrer Teilnahme möglichst zufrieden gestellt fühlen.[389] So lassen sich auch neue Zielgruppen erschließen.

Eine elementare Aufgabe von Museen ist – neben den traditionellen Arbeitsschwerpunkten Sammeln, Bewahren, Vermitteln und Forschen – das *Audience Development* geworden: "Pisa, Migrationsdiskussion, demographische Entwicklung und Neubesinnung auf musisch-ästhetische Erziehung [haben] zu einem Paradigmenwechsel in der deutschen Kulturpolitik geführt (...)"[390]. Daher müssten öffentlich geförderte Kultureinrichtungen "ihren gesellschaftlichen Mehrwert über proaktive Maßnahmen der Besucherorientierung, -gewinnung und -bindung generationsübergreifend (...) legitimieren."[391] Nicht- bzw. Noch-Nicht-Besucher geraten verstärkt in den Fokus der Museen.

Will man Menschen in die Museen bringen, muss man sie in möglichst jungen Jahren für Kunst und Kultur interessieren, da die kulturelle Primärsozialisation, so Colbert, bis zum 20. Lebensjahr erfolgt. Dann sind Geschmack und Vorlieben weitgehend festgelegt.[392] Sofern also auch nur eine kleine Möglich-

---

388 Lead-User-Methode = Beitrag zur Produktentwicklung durch innovative Kunden. Kaul (2010), S. 21.
389 Klein (2007), S. 127.
390 Siebenhaar, (2009), S. 11. Vgl. Klein (2007), S. 124 ff.
391 Siebenhaar (2007), S. 11.
392 Nur Wenige entdecken mit 60 Jahren neue Neigungen, siehe Colbert (2002), S. 44-45.

keit besteht, junge Menschen mittels Social Web für Kunst zu interessieren, sollte diese mit Blick auf die Zukunft genutzt werden.

Dabei dürfen jedoch die Älteren nicht vergessen werden:

> Der öffentliche Kulturbetrieb lebt (...) in Zukunft von den Generationen 55plus, sie bleiben quantitativ wie qualitativ die verlässlichsten Trägerschichten klassischer Kultureinrichtungen.[393]

Der demografische Wandel hat Konsequenzen für das Marketing.[394] Sein Einfluss auf den Absatzmarkt lässt sich z.b. um das Jahr 2015 folgendermaßen skizzieren:

a) Die Baby-Boomer-Generation ist über 50 Jahre alt. Ihre Mitglieder werden teilweise pensioniert und haben somit mehr Zeit, Kultur zu konsumieren.

b) Die Echo-Generation (die Kinder der Baby-Boomer) ist zwischen 15 und 35 Jahre alt und damit im besten Konsumalter.

Diese beiden extremen Teile der Alterspyramide sind größer als der dritte, mittlere Teil (die 35- bis 50-Jährigen). Eine Herausforderung für Kulturinstitutionen wird sein, gleichzeitig die wachsende Zahl der Alten berücksichtigen, ohne dabei die Jungen zu vergessen. Den wahrscheinlich sehr unterschiedlichen Bedürfnissen gerecht zu werden, ist ein Dilemma, das höchstens durch ein breites Programmspektrum lösbar ist.

Auch die sinkende Bevölkerungszahl ist eine Entwicklung mit Folgen, da durch sinkende Besucherzahlen und sinkende Steuereinnahmen (die sich in sinkenden Budgets manifestieren) finanzielle Engpässe spürbarer werden.[395]

Des Weiteren erhöht sich die ethnische Vielfalt[396] und es werden – bedingt durch eine zunehmende Migration – andere Vorkenntnisse, Erfahrungen und Verständnisse von Kultur eingebracht.[397]

Um neue Zielgruppen zu erschließen, muss man sich fragen, wo man diese findet und wie man sie anspricht.[398] Die Internetnutzer lassen sich relativ gut nach Lebensstil und Medieninteresse aufschlüsseln, wofür bei vielen Web 2.0-Anwendungen kostenlose Tools existieren.[399]

Eine Ansprache der Älteren (ab 50 Jahre) gelingt – mit Blick auf die Altersgruppen der Nutzer – am ehesten über Wikipedia, Videoportale, private Netz-

---

393   Siebenhaar (2007), S.11-12.
394   Hausmann (2009), S. 138 ff.
395   Dreyer (2009), S. 35 ff. Vgl. Keuchel (2009), S. 151.
396   Während 2010 ein Anteil von 9,6 Prozent von Ausländern an der Gesamtbevölkerung, wird bis 2050 mit etwa 17 Prozent gerechnet. Statisches Bundesamt 2006, zitiert nach Hausmann (2009), S. 134-135.
397   Hausmann (2009), S. 136 f. Vgl. auch Siebenhaar/ Allmanritter (2010).
398   Medien-Nutzer-Typologie vgl. auch Jürgens (2008), S. 641 f.
399   Weinberg (2010), S. 48-56. Praktische Tipps siehe Hilker (2010), S. 174-176.

werke und über Fotosammlungen (siehe Tab. 3, S. 27). Das gilt auch für die Frauen, die bisher die Mehrheit der Kulturkonsumenten darstellen[400] und von denen prozentual die meisten diese Angebote nutzen (siehe Tab. 2., S. 26). Aber auch ethnische Gruppen sind im Social Web ansprechbar. Vor allem Jugendliche und junge Erwachsene, die dort eine Art Heimat und den Anschluss an eine Gemeinschaft suchen.[401]

Das Social Web bietet viele Möglichkeiten, den Kommunikationen zwischen verschiedenen Nutzern zu zuhören und in der Folge die Nutzer zu verstehen. Während man jedoch früher Zielgruppen in Monologform zu überzeugen versuchte und mittels Push-Medien die Informationen verteilte, sollte man sich heute auf einen Dialog einstellen, der vom User jedoch gewünscht sein muss (Pull-Medium).[402]

Nach Kaul tragen zur Besucherakquisition vor allem Media Sharing Plattformen bei und weniger Plattformen zum Informationsaustausch oder soziale Netzwerke.[403] Um also (Noch-)Nicht-Besucher auf sich aufmerksam zu machen und ihre Neugier zu wecken, lassen sich die Media Sharing Plattformen nutzen. Beispielsweise könnte man eine interessante, virtuelle Fotogalerie nur für Flickr konzipieren, vielleicht als thematische Ergänzung zu einer aktuellen Ausstellung im realen Museum.

Eine weitere Option wäre, eine Ausstellung über assoziierte Themen auf YouTube einzustellen (z.B. Jugendstil, Expressionismus etc.), beispielsweise in einer künstlerischen Bearbeitung, die mögliche Besucher auf andere Art und Weise anspricht. Auch hier sind Tagging und Linksetzung gefragt für eine gute Auffindbarkeit im Web.

Griffige Themen müssen gefunden werden, die zum Museum und seinem Programm passen und mit denen ggf. neue Zielgruppen erschlossen werden können. Best Practice-Beispiel hierfür sind die schon erwähnten "Tate Tracks", mit der die Londoner *Tate Modern* über eine Verbindung zur Popmusik versucht, eine junge, Kunst affine Zielgruppe für sich zu gewinnen, die bisher noch nicht aktive Museumsgänger sind.

Vorstellbar ist zum Beispiel die Suche nach (Noch-)Nicht-Besuchern in Kunst affinen Gruppen in sozialen Netzwerken oder über Twitter in kulturnahen Kreisen (z.B. die Follower anderer Kultureinrichtungen in anderen Städten oder Sparten mobilisieren) und diese über inhaltliche Angebote interessieren, z.B. durch einen spannenden Kunst-Blog, unabhängig vom Museum. Beispielsweise

---

400 Siehe Colbert (2002), S. 585-587.
401 Mehr dazu siehe Hepp/ Bosdag/ Suna (2011). Vgl. Schmidt/ Paus-Hasebrink/ Hasebrink (Hg.) (2009). Vgl. Hugger (2010), S. 77-98.
402 Vgl. Hoffmann (2010), S. 195 ff.
403 Kaul (2010), S. 21.

hat das *ZKM Karlsruhe* auf Flickr Videos von Parkour-Läufern eingestellt, die die Museumswände hoch laufen, und spricht damit eine junge, dynamische Zielgruppe an, die sich zwar im Bereich der Subkultur bewegt, aber dennoch eine Affinität zu Kunst aufweist.[404]

4.2.3 Leistungspflege

Die Leistungspflege soll zu "einer möglichst lang andauernden und erfolgreichen Marktpräsenz eines Angebots führen"[405]. Der Bekanntheitsgrad des Museums und seines Programms soll erhöht werden und auch langfristig hoch gehalten werden. Das bedeutet, das Museum muss das bestehende Angebot pflegen und öffentlich machen.

Dazu ist es erforderlich, vorab zu klären, was das Museum seinen Besuchern bietet, das Gesamtprogramm zu prüfen und herauszufinden, welche Aspekte die Besucher am eigenen Angebot besonders schätzen. Das eigene Haus und sein Programm sollten vorab analysiert werden, damit die entsprechenden Anwendungen inhaltlich stimmig eingefügt werden kann. Ein Best Practice-Beispiel bietet die *Kunsthalle Mannheim* mit der Kunstaktion "Fashion is Dead" anlässlich der Langen Nacht der Museen, von der im Nachhinein ein Video-Podcast auf YouTube und der Homepage zeugt und so noch lange nach dem eigentlichen Event auf diesen aufmerksam macht.

Eine besondere Herausforderung im Kulturbereich stellt zudem das Kunstwerk an sich dar, bietet es doch mit seiner Einzigartigkeit ein Angebot auf eine Nachfrage, die vorher nicht existieren konnte, weil man ja gar nicht wusste, dass es das überhaupt gibt. Das Kunst-Publikum sucht also "nach dem Neuen, bislang Ungesagten, Ungehörten, Ungesehenem". Diese Nachfrage muss folglich erst durch das Marketing erzeugt werden.[406]

Darüber hinaus ist im Rahmen der Leistungspflege die Frage nach einem besucherfreundlichen Service sowie Value Added Services interessant.[407] Hier kann ein "interaktives Beschwerdemanagement über eine Social Media-Plattform (...) genutzt werden, kulturelle Einrichtungen und Angebote kontinuierlich zu verbessern"[408].

---

404   Online unter http://www.flickr.com/search/show/?q=ZKM+Karlsruhe&s=rec, abgerufen am
       29.9.11.
405   Kaul (2010), S. 20.
406   Klein (2007), S. 107.
407   Vgl. auch Klein (2003), S. 87-114.
408   Kaul (2010), S. 20. Vgl. Klein (2003), S. 42.

Über Web 2.0 lassen sich sowohl Feedbackmöglichkeiten als auch Dialogangebote erweitern und Daten über die Besucher gewinnen.

> Das Wissen, warum Kunden Produkte (…) verwenden, ist ein entscheidender Wettbewerbsvorteil, der von vielen Firmen, die Kundenmanagementsoftware (Customer Relationship Management) einsetzen, bereits genutzt wird.[409]

Allerdings muss der Datenschutz eingehalten werden, d.h. man benötigt die Einwilligung der Besucher. Außerdem ist eine CRM-Software sehr teuer und daher ein Einsatz in Museumsbetrieben mit chronischem Geldmangel extrem unwahrscheinlich.

Zur Leistungspflege gehört im Rahmen einer Besucherorientierung die Servicequalität, die durch Interaktion hergestellt wird und auf diese Weise eine Nähe zum Kunde erzeugt.

Bedeutsam ist hier vor allem die *Qualität der kundenbezogenen Prozesse* (analog zu Klein[410]):

- Wie erhält der Besucher Informationen? (Über alle Medien, auch Twitter, Facebook, YouTube?) Wo kann er Eintrittskarten kaufen (auch online)?

- Wie flexibel ist der Leistungserbringer? Werden z.B. bei beliebten Veranstaltungen kurzfristig Zusatzangebote geschaffen? (Denkbar wären Online-Vorträge über YouTube, ein Chat zu beliebten Führungen in sozialen Netzwerken etc.)

- Welche Qualität hat die Beratung durch das Personal? (Wie laufen Beratungsgespräche für Workshops der Kunstvermittlung? Wie werden fragende Besucher informiert? Sind die Informationen auch im Web 2.0 abrufbar?)

- Besteht eine Offenheit gegenüber Anregungen? Wie reagieren Museumsmitarbeiter auf Kritik? (Läuft das Beschwerdemanagement auch über das Social Web?)

- Besteht eine Offenheit im Informationsverhalten gegenüber den Besuchern? (Z.B. rechtzeitige Info bei Veränderungen, Info-Kundendienst über Twitter etc.)

- Wie verlaufen Kontakte von Besuchern zu Mitarbeitern, die sonst nicht direkt Kundenkontakt haben? Werden regelmäßig Befra-

---

409 Bogula (2007), S. 175.
410 Klein (2003), S. 23-24.

gungen zur Zufriedenheit unter den Besuchern durchgeführt, auch über Web 2.0? Was wissen die Wissenschaftler, Kuratoren, der Direktor über die Wünsche der Besucher?[411]

Laut Kaul beeinflussen Media Sharing Plattformen und Plattformen zum Informationsaustausch die Leistungspflege positiv, nicht so jedoch soziale Netzwerke.[412] Dieses Ergebnis ist überraschend, aber insofern erklärbar, als zur Leistungspflege vor allem der Fluss von Informationen wichtig zu sein scheint, die man über Informationsaustausch-Plattformen (Wikipedia, Fach-Wikis) und Media Sharing (YouTube, Flickr) umfassend und spannend aufbereitet zur Verfügung stellen kann.

Zukünftig könnten die sozialen Netzwerke jedoch auch hier an Bedeutung gewinnen, da schon heute die Mehrheit der Internetnutzer sich von Empfehlungen von Freunden oder Bekannten in seinen Konsumentscheidungen leiten lässt, als beispielsweise durch Zeitungsartikel, Pressemitteilungen oder Werbung.[413]

4.2.4 Leistungsinnovation

Leistungsinnovation bedeutet, einen zukünftigen Bedarf aufzuspüren, neue Angebote bzw. Dienstleistungen und innovative Programmpunkte zu schaffen und in den Markt einzuführen. Hierfür ist das Web 2.0 eine gute Plattform, weil man dort einerseits erforschen kann, was andere Museen im Programm haben und andererseits die Besucher beobachten und mehr über sie erfahren kann.

Nach der Studie von Kaul haben Media Sharing Plattformen, Plattformen zum Informationsaustausch die Leistungspflege und soziale Netzwerke einen deutlich positiven Einfluss auf die Kundenbeteiligung in Bezug auf die Leistungsinnovation.[414]

Mit Hilfe von Web 2.0 kann ein Museum seine Kunden als "Co-Developer" nutzen und beispielsweise die Ideen der User einfließen lassen in Programmangebote, sofern dies möglich und sinnvoll ist.[415] Aktiven Nutzern kann man Angebote zum Partizipieren unterbreiten, um sie als Tester oder Markenbotschafter einzusetzen – getreu dem Motto des Social Web: "Users Add Value".[416] Z.B. übernahmen im Rahmen eines Ferienworkshops Jugendliche eine Woche lang

---

411   Vgl. ebd., S. 23-24.
412   Kaul (2010), S. 21.
413   Vgl. Bogula (2007), S. 201. Vgl. Rudolph/ Emrich/ Meise (2008), S. 193.
414   Kaul (2010), S. 21.
415   Assmann/ Schildhauer/ Waller (2008b), S. 311-337.
416   Bogula (2007), S. 175.

die Pflege des Facebook-Accounts vom *MMK Frankfurt*.[417] Auf diese Weise bindet man Kunden langfristig an sich, da sie sich verstanden und integriert fühlen. Zudem erhält man möglicherweise interessante Ideen für Leistungsinnovationen.

Eine Veränderung der Wertschöpfungsmodelle durch den vom Social Web ausgehenden Kulturwandel, prognostiziert Zerfaß: "Die Einbindung von Kunden oder Mitarbeitern in den Entwicklungsprozess ist keine technologische, sondern eine soziale Innovation."[418] Schließlich bergen die Besucher ein hohes Innovationspotenzial: Etwa ein Drittel von ihnen sind Lead-User und liefern Beiträge zur Produktentwicklung. Eine zentrale Aufgabe für zukünftige Geschäftsmodelle sei daher die "Selbststeuerung der Nutzer".[419]

Problematisch ist diese Methode im Kulturbereich insofern, als eine Orientierung am Publikum keine unbegrenzten Auswirkungen auf das Leistungsangebot haben darf:

> Öffentlichen Kulturbetrieben, die ihre Legitimierung gerade nicht aus dem Prinzip der Gewinnmaximierung ableiten, ist also der Weg der beliebigen Produktanpassung an den jeweiligen Publikumsgeschmack versperrt, denn sie würden die Legitimation der öffentlichen Subventionierung verlieren, wenn sie ihre Produkte und Dienstleistungen an der jeweiligen Nachfrage orientierten![420]

Trotz dieses berechtigten Einwands von Klein können gerade in der Kommunikation mit den Besuchern (bzw. Nicht-Besuchern) innovative Anregungen gefunden werden, sofern diese weder Ziel noch Zweck des jeweiligen Kunstmuseums widersprechen, sondern sich in dem Rahmen einfügen, der durch Mission und Vision abgesteckt ist – und somit eine Produktanpassung nicht in beliebiger Art und Weise erfolgt. In diesem Fall zeigt das Feedback der Besucher, welche Programmpunkte gerne angenommen werden und welche nicht und daher vielleicht aus dem Programm gestrichen werden könnten. Schließlich ist in Zeiten schwindender finanzieller Zuschüsse neben dem ästhetischen und dem Bildungsauftrag auch die Erhöhung des Deckungsbeitrags durch das Museum ein tragender Teil der Ziel-Trias.

Ein Beispiel ist ein Projekt des *Brooklyn Museums*, bei dem sich Besucher eine Blume aus der Installation "The Moving Garden" von Lee Mingwei mitnehmen sollten und unterwegs an einen Fremden verschenken. Das Museum bat um eine fotografische Dokumentation der Handlung über SMS, Facebook, Twit-

---

417   Siehe Interview mit Gaensheimer, Schmidt (2010d)
418   Zerfaß/ Sandhu (2008b), S. 289.
419   Ebd., S. 289 & 294.
420   Klein (2003), S. 22.

ter oder Flickr.[421] Auf diese Weise wurde die Installation mit Web 2.0 real wie virtuell um eine neue Dimension erweitert. Visionär klingt der Ansatz, den Max Hollein verfolgt: Der Museumsdirektor des Frankfurter *Städel* sieht das Social Web als

> eine Weiterdefinition dessen, wo und wie Museum stattfinden kann (…) Es zählt nicht nur der physische Museumsbesuch, sondern eine Sammlung, das ganze Museum und seine Aufgaben als Bildungs- und Vermittlungsinstitution können auch im Netz erlebt werden und hier noch eine ganz andere Wirkung entfalten.[422]

Die Einzigartigkeit des Originals im Museum bleibt unbestritten, jedoch können andere Formen der Auseinandersetzung mit Kunst daneben bestehen.[423]

4.2.5 Stakeholder-Kommunikation

Allerdings sind die Besucher nur eine Anspruchsgruppe von vielen, mit denen ein Kulturbetrieb kommuniziert. Gerade in einem Museum ist die Stakeholder-Kommunikation nicht unproblematisch aufgrund der Vielzahl von Anspruchsgruppen: Besucher, Mitarbeiter, Presse/Medien, Öffentlichkeit, Sponsoren, Spender/Mäzene, Förderer/Unterstützer, Förderverein, Politik, Wirtschaft, andere Kultur-Institutionen, Tourismus-Verbände, Kooperationspartner – um ihre Gunst konkurriert ein Kunstmuseum heutzutage mit anderen Kultureinrichtungen.[424] Auf lange Sicht ist es im Sinne des Kulturbetriebs, die Interessen aller Stakeholder so zu kombinieren und in einem Mindestmaß zu erfüllen, sodass ein Gleichgewicht entsteht.[425]

Doch werden die Stakeholder nicht nur vom Museum informiert und beeinflusst, sie nehmen auch selbst Einfluss auf das Museum und auf andere Anspruchsgruppen. Zudem verändern sie sich und sind auch untereinander vernetzt.[426] Diese Aspekte potenzieren sich im Web 2.0 noch. Im Vorfeld sollte man sich daher klar werden:

---

421 Online unter http://www.brooklynmuseum.org/exhibitions/moving_garden/participate.php?mid=5123, abgerufen am 7.11.11

422 Max Hollein im Interview mit Schmidt (2010a), S. 58.

423 Z. B. Marina Abramovic, die ihre Performance "The Artist is present" im *MoMa* ins Internet verlängert. Online unter http://Moma.org/interactives/exhibitions/2010/marinaabramovic/, abgerufen am 24.10.11.

424 Bruhn (2008), S. 11 f.

425 Bode (2009), S. 57.

426 Klein (2008), S. 536.

- Wen möchte man (an)sprechen?

- Zu welchem Zweck und wie?

- Wo findet man diese Personengruppe im Web 2.0?

- Welche konkrete Nutzungsform wäre dafür die sinnvollste?

Ob man finanzkräftige Mäzene überhaupt auf einer Web 2.0-Plattform erreichen kann, sei dahin gestellt. Andere Gruppen (wie die Presse oder eine jüngere, Kunst affine Zielgruppe) können durchaus über das Social Web angesprochen werden. Wo genau man welche Zielgruppe antrifft, kann man anhand der erhobenen Nutzerzahlen nach Altersgruppen und Geschlecht, nur grob feststellen. Ob die Ansprache gelingt, wird man im Einzelfall klären müssen (z.B. eine Aktion nur auf YouTube promoten und über Incentives einen Anreiz für Rückmeldung bieten). Eine Pauschallösung gibt es nicht.

Grundsätzlich möglich ist außerdem die Beobachtung verschiedener Anspruchsgruppen im Web 2.0 und die Kontaktaufnahme zu ihnen. Daraus resultierende Ergebnisse könnten beispielsweise in einer Stakeholder-Analyse Eingang finden.[427]

4.3 Controlling und Erfolgsmessung

4.3.1. Social Media Monitoring

Um festzustellen, ob eine Web 2.0-Kampagne erfolgreich war, ist es notwendig, den Kommunikationsverlauf zu beobachten. Entsprechend wächst die Bedeutung des Controllings im Social Web.[428] Zudem kann mit Hilfe des Social Media Monitoring eine Kulturorganisation zumindest teilweise die Kontrolle über die Kommunikation im Social Web erlangen und ermitteln, wie es um die eigene Reputation bestellt ist[429]. Außerdem bietet es die Möglichkeit zur Intervention. Hier können Analysen zur Relevanz eines Themas, zur Meinungsführerschaft und zur Reichweite durchgeführt werden, ebenso wie zur Tonalität (In welcher Stimmungslage befindet sich die Zielgruppe?), Buzz-Analysen (In

---

427 Vgl. Drews/ Hillebrand (2007), S. 186 ff. Vgl. Kirf/ Rolke (2002). Zur Stakeholder-Analyse siehe auch Zerfaß (2010), S. 328 ff.
428 Ebersbach/ Glaser/ Heigl (2011), S. 217. Zur Kontrolle von PR-Methoden siehe Zerfaß (2010), S. 375.
429 Zerfaß/ Sandhu (2008b), S. 296.

welchem Grad ist die Zielgruppe emotional beteiligt?), sowie Trend- bzw. Issue-Analysen (Welche Themenbereiche gestalten sich problematisch?).[430] Im Internet existieren diverse Dienste, derer man sich bedienen kann[431]:

- Google Alerts (kostenloser Dienst, der vermeldet, wenn Name des Museums fällt, u. a. in Artikeln, Kommentaren, Blogs, Foren, Mailinglisten, Google-Suche)

- Twitter-Search/-Beep (kostenlos Infos über das eigene Haus auf Twitter finden)

- Technorati (kostenlose Blog-Suchmaschine)

- Blacktype & Blogpulse (durchsuchen kostenlos Gespräche in Blogs)

- Boardtracker, Boardreader & Omgili (durchsuchen kostenfreie Foren)

- Tkeotag (untersucht Tags und Kommentare kostenlos)

- Trackur (kostenpflichtig, ermöglicht umfassendes Social Media Monitoring)

- Radian6 (eines der größten kommerziellen Social Monitoring-Tools für ausführliche Analysen; jedoch für kleine Unternehmen ungeeignet)

- Socialradar (kostenpflichtiger Dienst, der detaillierte Statistiken erhebt)

Nach dem Monitoring und der Analyse des Beobachteten, ist für die Erfolgsmessung einer Kampagne eine klare Zieldefinition als Ausgangslage wichtig, ebenso müssen messbare Kennzahlen festgelegt werden, damit integrierte Controllingsysteme zum Einsatz kommen können.

---

430   Vgl. dazu auch Steimel/ Halemba/ Dimitrova (2010).
431   Praktische Tipps siehe Hilker (2010), S. 174-176. Vgl. auch Weinberg (2010), S. 48-56.

4.3.2 Zieldefinition

Jedes Museum möchte stets seine Besucherzahlen erhöhen, neue Zielgruppen erreichen, an Image und Reputation gewinnen. Als Zieldefinition für eine Kampagne wäre dies zu breit gefasst. Der Erfolg dieser wird erst messbar, wenn die Ziele vorab konkret dargelegt wurden – in einer messbaren Form und unter Einbeziehen der Zeitachse.[432]

Dies könnte z.b. folgendermaßen lauten: Das Museum XY wünscht sich eine Steigerung der Besucherzahlen insgesamt um 50 Prozent in den nächsten fünf Jahren. Oder: Das Museum ABC will bis zum nächsten Jahr den Anteil der 14- bis 25-Jährigen in seinem Publikum um zehn Prozent steigern.[433]

Schwieriger wird die Erfolgsmessung, wenn man den Einsatz von Social Media einbezieht. Ein konkretes Ziel könnte lauten: Das Museum XY wünscht sich eine Steigerung der Besucherzahlen insgesamt um 50 Prozent *mit Hilfe aller Web 2.0-Nutzungsformen* in den nächsten fünf Jahren. Oder: Das Museum ABC will bis zum nächsten Jahr den Anteil der 14- bis 25-Jährigen in seinem Publikum um zehn Prozent steigern, indem es verstärkt versucht, *mit dieser jungen Zielgruppe über Twitter, YouTube und Facebook in Kontakt zu treten.*

Ist das Ziel konkret formuliert worden, dann ist auch sein Erreichen und der Erfolg einer Kampagne messbar, sofern vorher die Besucher analysiert wurden und nach Ablauf der Frist eine erneute Besucherbefragung durchgeführt wird (z.B. durch persönliche, schriftliche oder telefonische Umfragen, durch Online-Response-Elemente), wodurch ein Abgleich mit der Realität erfolgen kann. Einen ersten Eindruck können auch schon Einträge im Gästebuch oder Rückmeldungen an das Museumspersonal vor Ort vermitteln.

Eine Auswertung der Besucherzahlen und ihrer Altersstruktur würde jedoch nicht genügen. Abgefragt werden muss, wie man die Zielgruppe erreicht hat. ("Wie wurden Sie auf uns aufmerksam?") Alternativ kann der Aufruf zu einem Event gezielt nur über eine Web 2.0-Anwendungen erfolgen; im Nachhinein wertet man die Anzahl der Anwesenden aus.

4.3.3 Kennzahlenbestimmung

Eine zentrale Bedeutung im Controlling wird den Kennzahlen beigemessen. Man unterscheidet zwischen absoluten Zahlen und Verhältniszahlen, die absolu-

---

432 Vgl. Dörrbecker (1996), S. 99 f. Vgl. auch Klein (2008), S. 544.
433 Die Dauer sollte nicht zu kurz angelegt werden, da der Einsatz von Web 2.0 sich entwickeln und Communitys aufgebaut werden müssen, was auf die Schnelle wenig Erfolg versprechend scheint.

te in Relation zueinander setzen. Letztere sind besonders aussagekräftig, wenn der Erfolg im Verhältnis zu den eingesetzten Ressourcen abgebildet werden soll. In der Innenperspektive betrachtet man sowohl Vergangenheits- als auch Prognosewerte für die Zukunft. Von einer Außenperspektive sind vor allem Vergleichswerte (Benchmarks) mit anderen, ähnlichen Unternehmen interessant[434], was allerdings im Kulturbereich schwieriger ist, da die angebotenen "Dienstleistungen" nicht direkt miteinander vergleichbar sind.[435]

In Bezug auf den Einsatz von Web 2.0-Anwendungen wird die Frage nach dem Erfolg einer Kampagne oft auf die Frage nach dem "Return on Investment" (ROI) verkürzt – sprich: Wie viel Gewinn macht man, gemessen am eingesetzten Kapital?[436] In der wirtschaftlichen Praxis ist der ROI eine beliebte Größe, "die zumeist als Quotient aus dem Erfolg (nach Zinsaufwand und nach Steuern) und dem Gesamtkapital ermittelt wird".[437] Jedoch ist für einen Kulturbetrieb diese interne, finanzielle Kennzahl nicht ohne weiteres anzuwenden. Sie reicht häufig nicht aus, um beispielsweise einem umfassenden Stakeholder-Ansatz gerecht zu werden.

Entsprechend werden zur Ermittlung des ROI einer Social-Media-Kampagne unterschiedliche Berechnungsmodelle herangezogen[438]. Konsens herrscht bisher über die eingesetzten Methoden nicht. In einer Non-Profit-Organisation wie einem Museum stellt schon die Beantwortung der Frage nach dem "Gewinn" eine Herausforderung dar, ist sie doch schwerlich auf eine Eurosumme zu reduzieren.

Allgemein gültige Kennzahlen – so genannte Key Performance Indicators (KPI)[439] –, um den Erfolg von Web 2.0-Anwendungen zu messen, existieren nicht. Vielmehr muss das Festlegen von Kennzahlen in Bezug auf Web 2.0 gerade im Kulturbereich derzeit noch als Experiment betrachtet werden, das nur von Fall zu Fall erfolgen kann.

Um die Komplexität zu reduzieren, könnte man sich mit der Kennzahlen-Erhebung auf ein Web 2.0-Anwendungen beschränken. Weinberg schlägt z.B.

---

434   Weber/ Schäfer (2006), S. 167-170 & 181 ff. Vgl. auch Friedl (2003), S. 337 f & 402 ff..
435   Mögliche Kennzahlen für den Kulturbereich liefert z.B. Hausmann (2004), S. 89-106.
436   Vgl. Powell/ Groves/ Dimos (2011). Vgl. Weinberg (2010), S. 336 f. Vgl. Holzapfel (2010), S. 144 ff.
437   Weber/ Schäfer (2006), S. 170. Vgl. auch Friedl (2003), S. 413 ff.
438   Z.B. versucht Weigel (2011), ein komplexes Bewertungssystem für das Social Web zu entwickeln. Treichl (2010) schlägt vor, einen Tausender Kontakt Preis (TKP) zu ermitteln, den man mit der Werbung in anderen Medien vergleichen kann. Heinrich (2011) bleibt hingegen theoretisch.
439   Schlüsselkennzahlen, die den Erfolg einer Maßnahme bezogen auf die formulierten Ziele abbilden.

für eine Facebook-Fanseite die Erhebung folgender fünf Kennzahlen vor, um die Frage nach dem ROI zu beantworten[440]:

a) Reichweite:
1. Wie viele Links werden generiert? (URL bei Yahoo-Site-Explorer prüfen),
2. Wie viele Leute twittern über die Kampagne? (Zahl der Retweets prüfen),
3. Wie viele neue Verbindungen sind entstanden, seit die Fanseite geschaltet ist?

b) Frequenz und Traffic:
Wie viele Clicks verzeichnet man auf der Homepage? (Zeitraum festlegen, vorher und nachher vergleichen und mit den durchschnittlichen Besucherzahlen der Homepage. Eine Zu- oder Abnahme ist nur dann aussagekräftig, wenn im gleichen Zeitraum nicht noch weitere Marketingmaßnahmen oder sonstige Ereignisse das Ergebnis beeinflusst haben könnten.)

c) Einfluss:
Hier ist das Ermitteln von Kennzahlen schwierig, da man analysieren muss, was die Besucher über die Kampagne reden, wie tief sie inhaltlich gehen etc.

d) Conversions und Transaktionen:
Anzahl der Transaktionen, Downloads, Registrierungen etc. auf der Homepage bzw. Facebook-Seite erheben.

e) Nachhaltigkeit:
Hat man tatsächlich neue Besucher gewonnen, über die Kampagne hinaus oder verliert man die Neuen am Ende der Aktion wieder?

Zwar bieten Kennzahlen Argumentationshilfen – z.B. wenn die Museumsleitung dem Gemeinderat wegen finanzieller Zuschüsse Rede und Antwort stehen muss. Jedoch müssen die Kennzahlen Sinn machen, um als Entscheidungsbasis zu dienen. Beispielsweise lässt sich der Erfolg eines Weblogs nicht allein nach seinen Zugriffszahlen bemessen. Denn: "Der Konzertsaal wird nicht durch hohe Klickzahlen voll."[441]
    Relativ einfach lassen sich finanzieller Aufwand und Besucherzahlen gegenüberstellen. Einerseits muss dazu erhoben werden, wie viele Stunden Personal eingesetzt wurden für die Web 2.0-Pflege, plus entstandene Produktionskosten (z.B. für Podcasts). Andererseits muss durch eine Besucherbefragung festge-

---

440   Weinberg (2010), S. 338-340.
441   Henner-Fehr (2010), S. 160.

stellt werden, wie sich die Besucherzahlen aufgrund des Einsatzes von Web 2.0 verändert haben – wie viele Menschen mehr sind ins Museum gekommen wegen ihrer Interaktion im Social Web? (Am Besten einzeln aufgeführt nach Nutzungsformen: Wie viele zusätzliche Besucher wurden generiert aufgrund von a) YouTube, b) Flickr, c) Twitter, d) Facebook etc.?) Dies ist über einen längeren Zeitraum hinweg zu beobachten, da Communitys erst aufgebaut werden müssen und ihre Wirkung zumeist langsam entfalten.

4.3.4 Integrierte Controllingsysteme

Zwar steht das Controlling hier als letzter Punkt am Ende des Kapitels zur Implementierung, jedoch bedeutet dies nicht, das es erst am Ende des Management-Prozesses steht: Das Controlling läuft bestenfalls während des gesamten Prozesses mit und geht auch danach noch weiter. Denn nur wenn ein stetiger Abgleich erfolgt zwischen Ist- und Soll-Zustand, kann die Planung entsprechend verändert und angepasst werden.[442]

Als Controllingsysteme können die Kosten-Nutzen-Analyse und die Balanced Scorecard zum Einsatz kommen.

4.3.4.1 Kosten-Nutzen-Analyse

Die Kosten-Nutzen-Analyse ist die Basis für die Personal- und Ressourcenplanung und für Projektentscheidungen wie[443]:

- Soll die Kampagne so durchgeführt werden?

- Welche Alternativen gibt es?

- Priorisierung durchführen (im Vergleich zu anderen Maßnahmen).

Bei einer Kosten-Nutzen-Analyse betrachtet man, welchen Nutzen einzelne Handlungsalternativen bringen und welche Kosten sie verursachen. (Wenn-

---

442   Vgl. Bruhn (2008), S. 158. Allgemein zu Controlling im Kulturbetrieb vgl. Klein (2007), S. 288 ff.
443   Bruhn (2008), S. 157-158.

gleich der Nutzen bei einer Non-Profit-Organisation wie einem Museen sich nicht direkt in Leistungen niederschlägt, sondern den Beitrag bezeichnet, der zur Erfüllung der Mission benötigt wird.)[444]
Das Ziel der Kosten-Nutzen-Analyse ist es, materielle wie immaterielle Erfolgswirkungen aufzuzeigen und diese in Beziehung zu setzen mit den aufzuwendenden Kosten. Dazu werden vorökonomische und ökonomische Faktoren miteinander verknüpft. Eine Kosten-Nutzen-Analyse kann sich auf die gesamte Organisation beziehen oder auf Teilbereiche, wie z.b. einer Social Media-Kampagne mit konkretem Ziel. Zu diesem Zweck werden dynamische oder statische Kosten-Nutzen-Kennziffern formuliert.

Zwar ist mit der Kosten-Nutzen-Analyse ein relativ geringer Zeitaufwand verbunden, jedoch können nur Kostenwerte verglichen werden. Die Hauptschwierigkeit bei dieser Methode ist daher, das Ausmaß des Nutzens ausreichend messbar zu machen. Da die Kosten-Nutzen-Analyse jedoch die gesamte Wirkungskette des Non-Profit-Marketing berücksichtigt, verfügt sie, laut Bruhn, über eine hohe Entscheidungsorientierung.[445]

4.3.4.2 Balanced Scorecard

Als zweite Option kann die Balanced Scorecard eingesetzt werden, die den Blickwinkel erweitert, in dem sie sich von mathematischen Zusammenhängen löst.[446] Hierzu wird das Museum aus vier Perspektiven betrachtet und dazu jeweils passende Kennzahlen erhoben:[447]

a) Finanzperspektive:
Wie sehen die finanziellen Ziele aus? (Direkte Gewinne aus einer Social Media-Aktion sind unwahrscheinlich, aber vielleicht wird eine Tickethotline oder ein Online-Shop genutzt? Zudem ist die Zahl derer messbar, die man insgesamt mit Social Media erreicht hat, wodurch sich grob die Kosten pro Person errechnen lassen.)

---

444 Ebd.
445 Ebd., S. 158.
446 Zu Balanced Scorecard allgemein siehe Bruhn (2008), S. 152-155. Vgl. Weber/ Schäfer (2006), S. 184-188. Vgl. auch Friedl (2003), S. 429 ff.
447 Was Henner-Fehr (2010) über Blogs schreibt, lässt sich auf Social Media übertragen (S. 158-159).

b) Kundenperspektive:
Was erwarten unsere Besucher? (Qualitativ über Auswertung von Kommentaren und Bewertungen auf Blogs, Podcasts, Facebook etc.; quantitativ über Zugriffsdaten wie Verweildauer, wenn man davon ausgeht, dass je höher diese ist, desto zufriedener die User gewesen sind. Eine Art Kundenservice wäre hier denkbar.)

c) Prozessperspektive:
Wie müssen die internen Prozesse aussehen, um die Kunden zufrieden zu stellen? (Frage nach der Effizienz, z.B. schnelles Reagieren auf Anfragen über Facebook oder Twitter, die sich auf eine Veranstaltung am gleichen Tag beziehen.)

d) Potenzialperspektive:
Welche Voraussetzungen müssen gegeben sein, um die gewünschte Leistung zu erbringen? Welches Potenzial birgt Social Media für das zukünftige Handeln? (Beispiel Blog: Wie viele Blogposts werden für weitere Zwecke verwendet, wie Pressemeldungen etc.? Ein Blog kann als Archiv genutzt werden.)

Zwar bietet die Balanced Scorecard im Vergleich zur Kosten-Nutzen-Analyse (oder auch zum ROI-Kennzahlensystem) eine Erweiterung der Kennzahlen über die finanzielle Sicht hinaus. Allerdings ist sie sehr zeitaufwändig, vor allem bei ihrer ersten Durchführung.[448]

Zusammenfassend bleibt zu beiden vorgestellten Controllingsystemen zu sagen, dass eine Schwierigkeit darin besteht, die hohe Komplexität der Realität zu reduzieren, weshalb die Ermittlung von Kennziffern mit einem großen Aufwand verbunden ist und damit auch mit hohen Kosten.[449] Daher ist es wohl auch zu erklären, warum realiter Museen Controllingsysteme für ihre Arbeit kaum nutzen. Selbst das Frankfurter *Städel*, sonst als innovativer Vorreiter offen für Ansätze des Kulturmanagements, hat bisher keine Kosten-Nutzen-Abwägung seiner Online-Aktivitäten vorgenommen.[450]

---

448   Vgl. Drews/ Hillebrand (2007), S. 92 ff & 225 ff.
449   Vgl. Bruhn (2008), S. 158.
450   Hollein im Interview mit Radel (2010).

5. Resümee

5.1 Chancen, Grenzen, Risiken

Die Kommunikation im Web 2.0 ist, laut Meckel, dann erfolgreich, wenn sie interaktiv, schnell und wahrhaftig verläuft.[451] Dann lässt sich im Idealfall – trotz großer Entfernungen – das Gefühl von Nähe und Intimität herstellen. Auf diese Weise kann man sogar eine soziale Gemeinschaft aufbauen, die sich im realen Raum formiert, wie bei Partys oder Flashmobs, zu denen sich nach einem Aufruf im Social Web Hunderte von Menschen an einem Ort zusammenfinden.[452]

Die klassischen Medien als die "Gatekeeper" von Informationen werden durch das Web 2.0 schon heute teilweise ausgehebelt. In der Folge entstehen neue Kommunikationsofferten. "Hier kann Kommunikation ohne Streuverluste und mit höchster Aktualität funktionieren, hier können Vertriebswege für Kulturprodukte in der Hand der Produzenten bleiben"[453], lautet die Hoffnung. Zwar ist der Mangel an Streuverlusten nicht erwiesen, doch liegt er durch den überwiegenden Pull-Charakter der Web 2.0-Anwendungen nahe. Höchste Aktualität ist möglich, aber nicht gewährleistet und hängt ab von jenen, die die Inhalte einstellen. Das Vertrauen, das der User dieser Quelle entgegenbringt, wurzelt in der persönlichen Relevanz. (Vgl. Elaboration-Likelihood-Modell, S. 74 f.)

Für Kunstmuseen entstehen insofern positive Effekte, als man z.B. über Social Media "Kunstwerke weiter schreiben"[454] könnte, in dem man die offene und wachsende Struktur des Web 2.0 nutzt, das außerdem rückkanalfähig ist und so den User aktiv werden lässt. Nach Weber und Kopka avancieren die "virtuellen Gemeinschaften (...) damit zu einem weiteren zentralen Handlungsort zukünftiger Kulturproduktion".[455]

---

451 Meckel/ Stanoevska-Slabeva (2008), S. 122.
452 Z.B. Spendensammlung für einen Obdachlosen: Vgl. Artikel im Mannheimer Morgen am 4.7.11, online unter http://www.morgenweb.de/service/archiv/artikel/728132538.html. Die Kunsthalle Mannheim plant einen Kunst-Flashmob, online unter http://www.ich-bin-stifter.de/, beide abgerufen am 6.12.11.
453 Scheurer/ Spiller (2010), S. 9.
454 Vgl. Frank (2010), S. 23 ff.
455 Weber/ Kopka (2010), S. 168.

Allerdings erfordert ein emanzipatorischer Mediengebrauch auch einen aufgeklärten Nutzer, der aktiv werden möchte. Und es birgt das Risiko, dass sich der User in der Menge von ungefilterter, unstrukturierter und oft auch ungeprüfter Information verliert. Das Social Web ist Teamarbeit – im Internet, aber auch im Museum. Jeder ist angesprochen, sich einzubringen. Besonders fortschrittliche Museumsleiter ermutigen ihre Mitarbeiter, eigene, von der Kultureinrichtung unabhängige Blogs zu betreiben. Diese Art von Vermischung von Privatem mit Öffentlichem, von Persönlichem mit Beruflichem erfolgt fast zwangsläufig beim Einsatz von Social Media. Die Funktionen und Möglichkeiten der Web 2.0- Angebote "müssen von den Nutzern gelebt werden".[456] Doch ist diese Grenzüberschreitung nicht von allen Beteiligten erwünscht. So ist es von Museumsseite möglicherweise ein Problem, dass es das Gesicht eines Mitarbeiters für eine Personalisierung benötigt, aber keinen Einfluss nehmen kann auf seine Äußerungen.

Die weit verbreitete Praxis der Vorab-Freigabe von Texten durch die Museumsleitung ist im Web 2.0 realistischerweise nicht durchführbar und würde zu einer kontraproduktiven Entschleunigung führen. Ob man sich als Führungskraft auf unbürokratischere Wege einlassen kann, ist auch eine Frage von Vertrauen und Delegierungsfähigkeit, die von den jeweiligen Charakteren und Führungsstilen abhängt.

Hingegen will ein Mitarbeiter möglicherweise auch nicht das Aushängeschild des Museums sein, bei dem er angestellt ist. Jedoch ist für viele Web 2.0-Anwendungen "die Bereitschaft, sich als Person, als Mitarbeiter oder Chefin, persönlich einzubringen"[457] eine Voraussetzung. Auch für diese Problematik gibt es nur individuelle, situationsbezogene Lösungen.

Interessant wird der Einsatz von Web 2.0-Anwendungen bei der Lobbyarbeit, die immer wichtiger wird für Kultureinrichtungen. Sponsoren, Mäzene und andere Unterstützer des Museums könnten Fürsprecher sein, während sie sich im Web bewegen. Besser noch: Man bildet Netzwerke mit anderen Institutionen und unterstützt sich gegenseitig.

Auch die sekundäre Reputation eines Museums, die auf indirekten Eindrücken basiert (z.B. Zitate in Medien, Selbstdarstellung), kann über Web 2.0-Anwendungen erzeugt bzw. reproduziert und verbreitet werden. Das Social Web wäre zur Befeuerung der zyklischen Reputation nutzbar, was bedeutet, dass das

---

456   Scheurer/ Spiller (2010), S. 10.
457   Henner-Fehr (2011).

Unternehmen auf Einstellungen ihm gegenüber reagiert, so ein Feedback erzeugt, worauf das Museum wiederum reagiert etc.[458]
Fraglich ist nicht so sehr, ob man neue Besucher über das Web 2.0 generieren kann und alte an sich binden, sondern in welchem Ausmaß dies möglich ist und welchen Aufwand man dafür betreiben muss. Zwar sind die Angebote oft kostenlos, aber "Aufbau und Pflege von Web 2.0-Tools sind zeitaufwendig und arbeitsintensiv"[459]. Möglicherweise bekäme man für den gleichen finanziellen Aufwand ein besseres Ergebnis, wenn man traditionelle Maßnamen ergreifen würde (wie Flyer, Plakatwerbung etc.).
Tatsächlich schätzt Kaul in seiner bereits zitierten Studie den direkten Einfluss von Social Media auf das Marketing als marginal ein.[460] Allerdings räumt er ein, dass Media Sharing Plattformen und jene zum Informationsaustausch die Kundenbeteiligung im Marketing positiv beeinflussen. Jedoch übten andere Faktoren (wie z.B. Lead-User-Methode oder Markenidentifikation etc.) einen größeren Einfluss aus.[461]
Es wäre ein Fehler, zugunsten von Web 2.0-Anwendungen die traditionellen Marketinginstrumente zu vernachlässigen. Man liefe Gefahr, seine etablierte Zielgruppe zu verlieren. Allerdings darf auch nicht außer Acht gelassen werden, dass durch das Social Web ein Mehrwert generiert wird, der sich vielleicht nicht in Zahlen fassen lässt, aber in Ideen manifestiert, wie der einer Weiterschreibung des Museums im virtuellen Raum. Hier muss sich jedes Museum die Frage stellen, ob die Nutzung des Web 2.0 nicht auch Teil seines Bildungsauftrags sein sollte.[462]

5.2 Ausblick

Während das Internet an sich eine sehr große Bedeutung spielt im Kulturmarketing, sind Web 2.0-Anwendungen bisher in der Praxis vergleichsweise wenig verbreitet. Zwei Drittel der von Kaul befragten Kulturinstitutionen in Deutschland, Österreich und der Schweiz setzen Social Media nur "gering oder gar

---

458 "Reputation" ist das bewusste Bild, das sich die Stakeholder vom Museum machen. Inwieweit Social Media zum Reputation Management beiträgt, ist schwer messbar. Rager/ Weber (2009), S. x & 16-17.
459 Scheurer/ Spiller (2010), S. 10.
460 Kaul (2010), S. 6-7.
461 Ebd., S. 7.
462 Der Autorin liegen derzeit keine gesicherten Daten vor, die den tatsächlichen Effekt integrierter oder isolierter Web 2.0-Maßnahmen auf Besucherzahlen quantifizieren.

nicht" ein.[463] Für Kulturschaffende ist das Social Web dennoch strategisch relevant. Dass sich wachsende Anteile der Kommunikation ins Internet verlagern werden, ist eine Entwicklung, die nicht aufzuhalten zu sein scheint. Was auf keinen Fall passieren sollte, ist, dass das Museumspublikum untereinander kommuniziert und dabei die Kulturinstitutionen ausschließt.[464]

Sicher wird es weiterhin Veränderungen geben, denn das Internet ist ein schnelles und schnelllebiges Medium. So entstehen immer neue Angebotsformen, wie z.b. Google+, das seit Oktober 2011 auch für Unternehmen nutzbar ist und Facebook als Klassenersten ablösen will.[465] Kurz zuvor lieferte Facebook im September mit "Timeline" die Möglichkeit zur perfekten Dokumentation eines jeden Lebenstages, aus der nichts gelöscht werden kann.[466] Hier wird die Verschmelzung des virtuellen mit dem realen Leben angestrebt, die für ein jedes Marketing eine Herausforderung darstellt.

Auch der nächste Schritt – das Web 3.0 bzw. semantische Web – ist schon gemacht. Mittels neuer Semantik und Ordnungsysteme sollen Computer intelligenter werden, um gesammelte Informationen maschinell interpretieren zu können. Dadurch wird der "Prosumer" berechenbarer (z.b. durch die Benutzung einer Suchmaschine).[467]

Die Entwicklung von 3D-Welten ist weiterhin offen.[468] Ein Kunstmuseum ist geradezu prädestiniert dazu, seine Inhalte auf diese Art zu transportieren. (Prominentes Beispiel: "The Second Louvre Museum".[469]) Online-Rundgänge wären zudem eine Gelegenheit, Kunstwerke zu zeigen, die im Museumsraum nicht sichtbar sind, weil sie z.b. in Depots lagern. Seit 2010 bietet Google mit "Art Project" einen kommerziellen Dienst an.[470]

Möglich sind darüber hinaus Online-Ausstellungen, die nur im virtuellen Raum existieren, wie "InForm: Turning Data into Meaning" im Adobe Museum of Digital Media. Die Schau versucht, das menschliche Verhalten im virtuellen Raum zu visualisieren.[471]

---

463   Vgl. ebd., S. 14-15.

464   Zum Thema Intervention durch Kommunikation vgl. Kirf/ Rolke (2002), S. 34 ff.

465   Mehr über Google+ und die Museen: online unter http://museumsreif.posterous.com/museen-ab-jetzt-einkreisbar-1-tag-google-page, abgerufen am 8.11.11.

466   Siehe: Pauer (2011), S. 49.

467   Vgl. Busemann/ Gscheidle (2010), S. 361. Vgl. auch Stanoevska-Slabeva (2008), S. 19 ff.

468   Vgl. dazu Breuer (2008b), S. 462-485.

469   Online http://www.youtube.com/watch?v=IX8HskHNSlc. Vgl. "A Second Life for Museums, online unter http://www.archimuse.com/mw2007/papers/urban/urban.html, beide abgerufen am 24.9.11.

470   Unter den bis dato 17 dargestellten Museen sind aus Deutschland zwei dabei. Online unter http://www.googleartproject.com/, abgerufen am 19.9.11.

471   Online unter www.adobemuseum.com, abgerufen am 19.9.11.

Die neusten Ergebnisse der ACTA 2011 zeigen, dass das Internet nicht mehr an den heimischen Rechner gebunden ist. Für die Zukunft wird prognostiziert, dass das Web noch mobiler wird.[472] Hier ergeben sich Chancen, z.B. durch die Nutzung von QR-Codes. Mit Hilfe des quadratischen Schwarz-Weiß-Musters und einem Handy gelangt man zu Informationen auf Internetseiten. So wurden im *ZKM Karlsruhe* zur Ausstellung "Imaging Media@ZKM" alle ausgestellten Werke mit einem QR-Code bestückt und damit Hintergründe zu Werk und Künstler ortsunabhängig abrufbar gemacht.[473]

Wirft man einen Blick zurück auf die 90er Jahre, so stellt man fest, dass das World Wide Web in der Phase seiner Entstehung und Verbreitung ebenfalls kritisch beäugt wurde. Doch heute ist ein Museum beispielsweise ohne eine Homepage kaum denkbar. Dabei spielen gestiegene Kosten keine Rolle. Als Kulturbetrieb kann man sich diesem Medium, das einen grundsätzlichen Kommunikationswandel auslöste, nicht entziehen.

Analogien zum Web 2.0 bestehen. Über kurz oder lang wird sich wohl auch das Social Web durchsetzen, unabhängig von der Frage nach Ressourcen. Zwar muss ein öffentliches Museum nicht zu den Pionieren gehören, wohl aber hat es einen Bildungsauftrag, der unter anderem beinhaltet, möglichst breite Bevölkerungsschichten zu erreichen[474].

Auf Museumsangebote im Web 2.0 zurückzugreifen mag für viele Interessensgruppen leichter sein, da die Hemmschwellen niedriger sind, als den realen Museumsraum zu betreten. Vor allem Angehörige kulturferner Schichten wagen sich nicht hinein in diese Sphäre der Hochkultur, während sie sich sehr wohl in den Online-Communitys aufhalten.[475] Dabei soll das Social Web den Museumsbesuch nicht ersetzen, wohl aber Anreize für diesen schaffen.

---

472   Durch ein flächendeckendes Wlan und den zunehmenden Einsatz von mobilen Endgeräten wie Smartphones. Vgl. Alby (2007), S. 168. Siehe ACTA 2011: Köcher (2011).
473   Online unter http://www.zkm.de/imagining-media,
      vgl. auch http://blog.culture-to-go.com/2010/09/22/qr-codes-im-museum/, beide abgerufen am 7.11.11.
474   Vgl. Klein (2008), S. 539.
475   Laut ACTA 2011 entstammen Mitglieder von Online-Communitys gleichermaßen einfachen sozialen, der mittleren sowie höheren sozialen Schichten. Siehe De Sombre (2011), S. 20.

6. Literaturverzeichnis

Alby, Tom (2007): Web 2.0. Konzepte, Anwendungen, Technologien. 2. Aufl., München: Hanser.

Anderson, Chris (2007): The Long Tail – der lange Schwanz. Nischenprodukte statt Massenmarkt – Das Geschäft der Zukunft, München: Carl Hanser.

Anderson, Chris: Debating the Long Tail, online unter http://blogs.hbr.org/cs/2008/06/debating_the_long_tail.html, abgerufen am 26.9.2011.

Assmann, Jörg/ Schildhauer, Thomas/ Waller, Christian: "Interaktive Wertschöpfung im Social Web als neue Grundlage der Produktentwicklung", in: Zerfaß/ Welker/ Schmidt (Hg.) (2008b), S. 311-337.

Bauer, Hans H./ Große-Leege, Dirk/ Rösger, Jürgen (Hg.) (2008): Interactive Marketing im Web 2.0+. Konzepte und Anwendungen für ein erfolgreiches Marketingmanagement im Internet, 2. Aufl., München: Franz Vahlen.

Berendt, Bettina/ Schlegel, Martin/ Koch, Robert: "Die deutschsprachige Blogosphäre: Reifegrad, Politisierung, Themen und Bezug zu Nachrichtenmedien", in: Zerfaß/ Welker/ Schmidt (Hg.) (2008b), S. 72-96.

Benkert, Wolfgang/ Lenders, Britta/ Vermeulen, Peter (Hg.) (1995): Kulturmarketing. Den Dialog zwischen Kultur und Öffentlichkeit gestalten. Stuttgart: Raabe.

Bernet, Marcel (2010): Social Media in der Medianarbeit. Online-PR im Zeitalter von Google, Facebook und Co., Wiesbaden: VS.

Bode, Otto (2009): Theoretische Grundlagen der Unternehmenskommunikation, Studienbrief im Rahmen des Fernstudiengangs "Management für Kultur- und Non-Profit-Organisationen", TU Kaiserslautern.

Bogula, Werner (2007): Leitfaden Online-PR, Konstanz: UVK.

Bräuer, Marco/ Seifert, Martin/ Wolling, Jens (2008): "Politische Kommunikation 2.0 – Grundlagen und empirische Ergebnisse zur Nutzung neuer Partizipationsformen im Internet", in: Zerfaß/ Welker/ Schmidt (Hg.) (2008b), S.191-206.

Bräutigam, Yvonne (2011): Raus aus dem Elfenbeinturm! Herausforderung an die externe Wissenschaftskommunikation im Zeitalter von Web 2.0 und Social Media, unter besonderer Betrachtung der Mittlerzielgruppe Journalisten, Master-These, Donau Universität Krems – Internationales Journalismus Zentrum, Krems, online unter http://opac.donau-uni.ac.at/wwwopac/, abgerufen am 15.11.2011.

Breuer, Markus: "Business in virtuellen Welten: Nutzungsperspektiven von Second Life und Online-Welten", in: Zerfaß/ Welker/ Schmidt (Hg.) (2008b), S. 462-485.

Brigg, Dave (2008): "Defining Social Media & Web 2.0", online unter.. http://davepress.net/2008/02/17/defining-social-media-web20/, abgerufen am 15.9.2011.

Bruhn, Manfred/ Tilmes, Jörg (1989): Social Marketing, Stuttgart/Berlin/Köln: Kohlhammer.

Bruhn, Manfred (2007a): Kundenorientierung. Bausteine für ein exzellentes Customer Relationship Management (CRM), 3. Aufl., München: dtv.

Bruhn, Manfred (2007b): Marketing. Grundlagen für Studium und Praxis, 8. Aufl., Wiesbaden: Gabler.

Bruhn, Manfred (2008): Neue Konzepte des Kultur- und Non-Profit-Organisationsmanagements. Marketing für Non-Profit-Organisationen, Studienbrief im Rahmen des Fernstudiengangs "Management für Kultur- und Non-Profit-Organisationen", TU Kaiserslautern.

Busemann, Katrin/ Gscheidle, Christoph (2010): "Web 2.0: Nutzung steigt – Interesse an aktiver Teilhabe sinkt. Ergebnisse der ARD/ZDF-Onlinestudie 2010", in: Media Perspektiven, Heft 7–8/2010, S. 359-368, online unter http://www.ard-zdf-onlinestudie.de/fileadmin/Online10/07-08-2010_Busemann.pdf, abgerufen am 15.7.2011.

Clement, Michel/ Papies, Dominik: "Podcasting", in: Bauer/ Große-Leege/ Rösger (Hg.) (2008), S. 335-346.

Colbert, Francois: "Marketing und Konsumverhalten im Bereich Kunst", in: Klein (Hg.) (2002), S. 40-54.

Colbert, François: "Der Kulturmarkt", in: Klein (Hg.) (2008), S. 579-590.

David, Sabine: "Zur Genese offener Werke. Rotkäppchen 2.0. Medienwandel und schriftliche Mündlichkeit", in: Scheurer/ Spiller (Hg.) (2010), S. 28-45.

De Sombre, Steffen (2011): Trends im E-Commerce und soziale Netze als Markenplattform", Präsentation von Teilergebnissen aus ACTA 2011, online unter www.acta.de, abgerufen am 6.12.2011.

Dörrbecker, Klaus (1996): Wie Profis PR-Konzeptionen entwickeln: Das Buch zur Konzeptionstechnik, 2. Aufl., Frankfurt/Main: Verlagsgruppe Frankfurter Allgemeine Zeitung.

Drews, Günter/ Hillebrand, Norbert (2007): Lexikon der Projektmanagement-Methoden, München: Rudolf Haufe.

Drever, Christopher: "Denkvirtuose", Blog, online unter www.denkvirtuose.de, abgerufen am 23.10.2011.

Dreyer, Matthias: "Der demografische Wandel und die Kultur – was haben beide miteinander zu tun?", in: Hausmann/ Körner (Hg.) (2009), S. 35-48.

Eagly, Alice H./ Chaiken, Shelly (1993): The Psychology of Attitudes, Orlando: Harcourt Brace & Company.

Ebersbach, Anja/ Glaser, Markus/ Heigl, Richard (2011): Social Web, Konstanz: UVK.

Enzensberger, Hans Magnus (1970): "Baukasten zu einer Theorie der Medien, in: Kursbuch 20, 5. Jahrgang, S. 159-186.

Franck, Georg (1998): Ökonomie der Aufmerksamkeit: Ein Entwurf, München: Carl Hanser.

Frank, Simon A.: "Kulturmarketing im Internet", in: Klein (Hg.) (2008), S. 555-578.

Frank, Simon A. (2010): "User-generated Culture. Die inhärente Kompatibilität von Internetpraxis, Kunst- und Kulturtheorie als Fundament zukünftiger Kulturangebote", in: Scheurer/ Spiller (Hg.) (2010), S. 16-27.

Fleck, Matthes/ Kirchhoff, Lars: "Folksonomy und Tags oder warum es im Web keine Regale gibt", in: Meckel/ Stanoevska-Slabeva (Hg.) (2008), S. 189-200.

Friedl, Birgit (2003): Controlling, Stuttgart: Lucius & Lucius.

Grell, Petra/ Marotzki, Winfried/ Schelhowe, Heidi (Hg.) (2010): Neue digitale Kultur- und Bildungsräume. Wiesbaden: VS.

Hausmann, Andrea (2001): Besucherorientierung von Museen unter Einsatz des Benchmarking, Bielefeld: Transcript.

Hausmann, Andrea: "Kennzahlen und 'Best Practises' im Kulturmanagement", in: Heinze (Hg.) (2004), S. 89-106.

Hausmann, Andrea/ Körner, Jana (Hg.) (2009): Demografischer Wandel und Kultur. Veränderungen im Kulturangebot und der Kulturnachfrage, Wiesbaden: VS.

Hausmann, Andrea: "Implikationen des demografischen Wandels für das Marketing von Kultureinrichtungen", in: Hausmann/ Körner (Hg.) (2009), S. 131-147.

Heinrich, Wolfgang (2011): "Social Media ROI – aber wie", online unter..... http://www.medienkom
   pakt.de/index.php/social-media-roi-aber-wie/, abgerufen am 15.11.2011.

Heinrichs, Werner (1993): Einführung in das Kulturmanagement. Darmstadt: Wissenschaftliche
   Buchgesellschaft.

Heinze, Thomas (Hg.) (1994): Kulturmanagement. Professionalisierung kommunaler Kulturarbeit.
   Opladen: Westdeutscher Verlag.

Heinze, Thomas (Hg.) (1997): Kulturmanagement. Konzepte und Strategien. Bd. 2, Opladen: Westdeutscher Verlag.

Heinze, Thomas (2003): Kommunikationsmanagement: Wissen und Kommunikation in Bildung,
   Kultur und Tourismus, Wiesbaden: VS.

Heinze, Thomas (Hg.) (2004): Neue Ansätze im Kulturmanagement. Theorie und Praxis, Wiesbaden: VS.

Heinze, Thomas (2009): Kultursponsoring, Museumsmarketing, Kulturtourismus. Ein Leitfaden für
   Kulturmanager, 4. Aufl., Wiesbaden: VS.

Henner-Fehr, Christian (2011): "Die wachsende Bedeutung von Communitys", online unter
   http://kulturmanagement.wordpress.com/2011/06/24/die-wachsende-bedeutung-von-
   communitys/, abgerufen am 21.11.11.

Henner-Fehr, Christian: "Herausforderung Weblog", in: Scheurer/Spiller (Hg.) (2010), S. 150–160.

Hepp, Andreas/ Bosdag, Cigdem/ Suna, Laura (2011): Mediale Migranten. Mediatisierung der
   Diaspora, Wiesbaden: VS.

Hilker, Claudia (2010): Social Media für Unternehmer, Wien: Linde.

Hörner, Thomas (2006): Marketing im Internet. Konzepte zur erfolgreichen Online-Präsenz, München: DTV.

Hoffmann, Kerstin: "Effiziente Kultur-PR in einer vernetzten Welt", in: Scheurer/Spiller (Hg.)
   (2010), S. 195-201.

Holzapfel, Felix & Klaus (2010): Facebook. Marketing unter Freunden, Göttingen: Business Vil-
   lage.

Holst, Christian: "Ein ungeheures Kanalsystem. Podcasts im Medienmix von Kultureinrichtungen",
   in: Scheurer/Spiller (Hg.) (2010), S. 138-149.

Hugger, Kai-Uwe: "Anerkennung und Zugehörigkeit im Social Web", in: Grell/ Marotzki/ Schelhowe (Hg.) (2010), S. 77-98.

Janner, Karin (2008): Das Internet in der Kommunikationspolitik von Kultureinrichtungen. Neue
   Ideen und Best-Practice-Beispiele, Diplomarbeit, Institut für Kultur- und Medienma-
   nagement Hamburg, online unter http://kulturmarketingblog.de/publikationen, abgerufen am 21.7.2011.

Janner, Karin: "Kulturmarketing 2.0", in: Scheurer/Spiller (Hg.) (2010), S. 119–137.

Janner, Karin, Kulturmarketing-Blog, online unter http://kulturmarketingblog.de/, abgerufen am
   21.7.2011.

Jaschniok, Meike (2007): Wikipedia und ihre Nutzer. Zum Bildungswert der Online-Enzyklopädie.
   Marburg: Tectum.

John, Hartmut/ Günter, Bern (Hg.) (2008). Das Museum als Marke. Branding als strategisches
   Managementinstrument für Museen, Bielefeld: Transcript.

Jürgens, Ekkehard: "Öffentlichkeitsarbeit im Kulturbetrieb", in: Klein (Hg.) (2008), S. 615-648.

Kaul, Helge (2010): Social Media Marketing in Kunst und Kultur, Empirische Studie, ZHAW
   Zürcher Hochschule für Angewandte Wissenschaften – Zentrum für Marketing Management, Winterthur, online unter http://www.zkm.zhaw.ch/studie-social-media, abgerufen am 20.7.2011.

Keuchel, Susanne: "'Kultur für alle' in einer gebildeten, ungebunden, multikulturellen und veralteten
   Gesellschaft? Der demografische Wandel und seine Konsequenzen für die kulturelle
   Partizipation", in: Hausmann/ Körner (Hg.) (2009), S. 150-175.

Kirf, Bodo/ Rolke, Lothar (Hg.) (2002): Der Stakeholder-Kompass. Navigationsinstrument für die Unternehmenskommunikation, Frankfurt a. M.: FAZ-Institut.

Klein, Armin (Hg.) (2002): Innovatives Kulturmarketing, Baden-Baden: Nomos.

Klein, Armin (2003): Besucherbindung im Kulturbetrieb. Ein Handbuch, Wiesbaden: Westdeutscher Verlag.

Klein, Armin (2007): Der exzellente Kulturbetrieb, Wiesbaden: Westdeutscher Verlag.

Klein, Armin (Hg.) (2008): Kompendium Kulturmanagement. Handbuch für Studium und Praxis, 2. Aufl., München: Franz Vahlen.

Klein, Armin: "Kulturmarketing", in: Klein (Hg.) (2008), S. 535-554.

Klinke, Harald (2000): "Museumsmarketing", online unter http://www.hfg-karlsruhe.de/~hklinke/archiv/texte/sa/Museumsmarketing.html, abgerufen am 27.7.2011.

Köcher, Renate (2011): "Mobile: Neue Dimensionen der Internetnutzung", Präsentation der Teilergebnisse der ACTA 2011, online unter http://www.acta-online.de/, abgerufen am 6.12.2011.

Kohn, Hagen (2010): Twitter-Typen im Kulturbereich, Blog vom 16.3.2010, online unter .. http://vioworld.de/blog/2010/03/twitter-typen-im-kulturbereich/, abgerufen am 21.9.2011.

Kotler, Philip/ Bliemel, Friedhelm (2001): Marketing-Managament. Analyse, Planung, Umsetzung und Steuerung, 10. Aufl., Stuttgart: Schäffer-Poeschel.

Kotler, Philip/ Jain, Dipak C./ Maesincee, Suvit (2002): Marketing der Zukunft. Mit Sense and Response zu mehr Wachstum und Gewinn, Frankfurt: Campus.

Kotler, Philipp et. al. (2011): Grundlagen des Marketing, 5. Aufl., München: Pearson Studium.

Kunz-Ott, Hannelore/ Kudorfer, Susanne/ Weber, Traudel (Hg.) (2009): Kulturelle Bildung im Museum. Aneignungsprozesse, Vermittlungsformen, Praxisbeispiele, Bielefeld: Transcript.

Lenders, Britta: "Auf dem Weg vom Marketing zum Kulturmarketing", in: Benkert/ Lenders/ Vermeulen (1995), S. 17-26.

Lenders, Britta: "Bestandteil eines strategischen Marketingkonzepts, dargestellt am Beispiel eines Museums", in: Benkert/ Lenders/ Vermeulen (1995), S. 57-70.

Levine, Rick/ Locke, Christopher/ Searls, Doc/ Weinberger, David (2001): The Cluetrain Manifesto. The End of Business as usual. Cambridge, Massachusetts: Preseus Publishing, online unter http://www.cluetrain.com/book, abgerufen am 21.9.2011.

Li, Charlene/ Bernhoff, Josh (2009): Facebook, YouTube, Xing & Co. Gewinnen mit Social Technologies, München: Hanser.

Lovink, Geert (2008): Zero Comments. Elemente einer kritischen Internetkultur. Bielefeld: Transcript.

Mandel, Birgit (2005): "Anreizstrategien für ein neues Publikum", Vortrag auf dem 3. Kulturpolitischen Bundeskongress "publikum.macht.kultur" 2005, online unter http://www.kupoge. de/kongress/2005/dokumentation/mandel.pdf, abgerufen am 8.11.2011.

Mandel, Birgit (Hg.) (2005): Kulturvermittlung zwischen kultureller Bildung und Kulturmarketing. Eine Profession mit Zukunft. Bielefeld: Transcript.

Meckel, Miriam/ Stanoevska-Slabeva, Katarina (Hg.) (2008): Web 2.0. Die nächste Generation Internet. Baden-Baden: Nomos.

Möhlbenbruch, Dirk/ Dölling, Steffen/ Ritschel, Falk: "Neue interaktive Instrumente des Kundenbindungsmanagements im E-Commerce", in: Bauer/ Große-Leege/ Rösger (Hg.) (2008), S. 197-214.

O'Reilly, Tim (2005): "What is Web 2.0? Design Patterns and Business Models for the Next Generation of Software", O'Reilly Media, online unter. http://oreilly.com/web2/archive/what-is-web-20.html, abgerufen am 14.8.2011

Pauer, Nina: "Die Utopie ist da", in: Die Zeit, Nr. 40, 29.9.2011, S. 49.

Petty, Richard E./ Cacioppo, John T. (1996): Attitudes and Persuasion. Classic and Contemporary Approaches, 2. Aufl., Boulder/ Oxaford: Westview Press.

Powell, Guy R./ Groves, Steven/ Dimos, Jerry (2011): ROI of Social Media. How to Improve the Return on your Social Marketing Investment, Singapore: Wiley.

Radel, Ina: "Städel forciert Museumsmarketing im Internet", in: Focus, am 31.1.2010, online unter http://www.focus.de/kultur/diverses/museen-staedel-forciert-museumsmarketing-im-internet_aid_475876.html, abgerufen am 27.7.2011.

Rager, Günther & Weber, Bernd (2009): Innovative Praxisfelder der Unternhemenskommunikation, Studienbrief im Rahmen des Fernstudiengangs "Management für Kultur- und Non-Profit-Organisationen", TU Kaiserslautern.

Rau, Johannes: "Zehn Leitsätze des Journalismus", Rede des Bundespräsidenten auf dem Jahrestreffen von "Netzwerk Recherche" am 5. Juni in Hamburg, in: Journalist 7/2004, online unter http://www.djv.de/fileadmin/DJV/schwerpunkte/Rundfunk/Nachrichten/doku_07_2004_4.pdf, abgerufen am 6.9.2011

Rentsch, Anna E. & Kulturkurier (Hg.) (2011): Leitfaden Facebook-Marketing für Kulturveranstalter, S. 3-4, online unter http://blog.kulturkurier.de/downloads/, abgerufen am 3.9.2011.

Reussner, Eva: "Kulturmanagement Network", 5/2004, online unter http://www.kulturmanagement.net/downloads/wirboderstirb.pdf,   abgerufen   am 27.9.2011.

Rudolph, Thomas/ Emrich, Oliver/ Meise, Jan Niklas: "Einsatzmöglichkeiten von Web 2.0-Instrumenten im Online-Handel und ihre Nutzung durch Konsumenten", in: Bauer/ Große-Leege/ Rösger (Hg.) (2008), S. 184-196.

Rusch, Gebhard (2008): Medienkommunikation. Begriffe, Ansätze, Grundfragen, Studienbrief im Rahmen des Fernstudiengangs "Management für Kultur- und Non-Profit-Organisationen", TU Kaiserslautern.

Schenk, Michael/ Taddicken, Monika/ Welker, Martin (2008): "Web 2.0 als Chance für die Markt- und Sozialforschung?", in: Zerfaß/ Welker/ Schmidt (2008a), S. 243-266.

Scheurer, Hans/ Spiller, Ralf (Hg.) (2010): Kultur 2.0. Neue Web-Strategien für das Kulturmanagement im Zeitalter von Social Media. Bielefeld: Transcript.

Schmidt, Jan (2008): "Was ist neu am Social Web? Soziologische und kommunikationswissenschaftliche Grundlagen", in: Zerfaß/ Welker/ Schmidt (2008a), S. 18-40.

Schmidt, Jan-Hinrik/ Paus-Hasebrink, Ingrid/ Hasebrink, Uwe (Hg.) (2009): Heranwachsen mit dem Social Web. Zur Rolle von Web 2.0-Angeboten im Alltag von Jugendlichen und jungen Erwachsenen, Berlin: Vistas.

Schmidt, Ulrike (2010a): Das Social-Media-Engagement deutscher Museen und Orchester 2010. Eine Studie, die auf eigenen Recherchen bei den im Social Web aktiven Museen und Orchestern basiert. Frankfurt a.M., Kommunikationsberatung u.s.k., online unter http://kulturzweinull.eu/, abgerufen am 14.6.2011.

Schmidt, Ulrike (2010b): "Hier twittert der Chef noch selbst", Interview mit Werner Lippert, Ausstellungsleiter des NRW-Forum Düsseldorf, in: Blog "Kultur 2.0", online unter http://kulturzweinull.eu/index.php/hier-twittert-der-chef-noch-selbst-%C2%A6-interview-mit-werner-lippert-ausstellungsleiter-des-nrw-forums/, abgerufen am 6.12.2011.

Schmidt, Ulrike (2010c): "Sinn und Verstand in 140 Zeichen", Interview mit Klaus Schrenk, Generaldirektor der Bayerischen Staatsgemäldesammlungen, in: Blog "Kultur 2.0", online unter http://kulturzweinull.eu/index.php/sinn-und-verstand-in-140-zeichen-%C2%A6-interview-mit-prof-dr-klaus-schrenk-generaldirektor-der-bayerischen-staatsgemaeldesammlungen/, abgerufen am 6.11.2011.

Schmidt, Ulrike (2010d): "Wissen sollte frei zugänglich sein", Interview mit Susanne Gaensheimer, Direktorin des Museums für Moderne Kunst (MMK) Frankfurt, in: Blog "Kultur 2.0", online unter http://kulturzweinull.eu/index.php/wissen-sollte-frei-zuganglich-sein-%C2%A6-interview-mit-dr-susanne-gaensheimer-direktorin-des-mmk-frankfurt/, abgerufen am 6.11.2011.

Schmidt, Ulrike (2011a): "Kulturblogger – Beziehungspflege, aber wie?", in: Blog "Kultur 2.0", online unter http://kulturzweinull.eu/index.php/kulturblogger-beziehungspflege-aber-wie/, abgerufen am 8.11.2011.

Schmidt, Ulrike (2011b): "Nutze die Möglichkeiten – Kultur-PR in und mit Social Media", in: KM – Kultur und Management im Dialog, Nr, 57, Juli 2011, S: 15-18, online unter http://www.kulturmanagement.net/downloads/magazin/km1107.pdf, abgerufen am 21.7.2011.

Schneller, Johannes: "Zukunftstrends im Internet", Präsentation von Teilergebnissen der ACTA – Allensbacher Computer- und Technikanalyse 2010, online unter http://www.acta-online.de/, abgerufen am 27.9.2011.

Schneller, Johannes: "Das Zusammenspiel von Offline und Online-Werbemedien: Print – Online – Mobile – Apps"", Präsentation von Teilergebnissen der ACTA – Allensbacher Computer- und Technikanalyse 2011, online unter http://www.acta-online.de/, abgerufen am 7.12.2011.

Schulze, Gerhard (1992): Die Erlebnisgesellschaft. Kultursoziologie der Gegenwart, Frankfurt: Campus.

Schwindt, Annette (2010): Das Facebook-Buch, 2. Aufl., Köln: O'Reilly.

Scott, David Meerman (2009): Die neuen Marketing- und PR-Regeln im Web 2.0: wie Sie im Social Web New Releases, Blogs, Podcasting und virales Marketing nutzen, um Ihre Kunden zu erreichen; Heidelberg: Hüthig-Jehle-Rehm.

Siebenhaar, Klaus (2007): "Audience Development oder eine Liebesbeziehung fürs Leben", in: Siebenhaar (Hg.) (2009), S. 11-17.

Siebenhaar, Klaus (Hg.) (2009): Audience Development – oder die Kunst, neues Publikum zu gewinnen, Berlin: B & Siebenhaar.

Siebenhaar, Klaus/ Allmanritter, Vera (2010): Kultur mit allen! Wie öffentliche deutsche Kultureinrichtungen Migranten als Publikum gewinnen, Berlin/ Kassel: Siebenhaar.

Simon, Nicole/ Bernhardt, Nikolaus (2008): Twitter. Mit 140 Zeichen zum Web 2.0, München: Open Source Press.

Spiegel Special: Leben 2.0. Wir sind das Netz. Wie das neue Internet die Gesellschaft verändert. Heft 3/ 2007, Hamburg: Spiegel Verlag Rudolf Augstein.

Stanoevska-Slabeva, Katarina: "Web 2.0 – Grundlagen, Auswirkungen und zukünftige Trends", in: Meckel/ Stanoevska-Slabeva (Hg.) (2008), S. 13-38.

Steimel, Bernhard/ Halemba, Christian/ Dimitrova, Tanya (2010): "Praxisleitfaden Social Media Monitoring. Erst zuhören, dann mitreden in den Mitmachmedien!", Meerbusch: MIND Business Consultants, online unter http://whitepaper.vhb.jaf-systems.de/aws/download.php/doc/707 abgerufen am 21.9.2011.

Terlutter, Ralf (2000): Lebensstilorientiertes Marketing. Besucherorientierung bei Ausstellungen und Museen. Saarbrücken: Universität des Saarlandes.

Treichl, Hannes (2010): "Welchen €-Werbe-Wert hat Social Media?", online unter http://www.andersdenken.at/wert-facebook-fanpage-value/, abgerufen am 15.11.2011.

Tschäpe, Ruth/ Brüggerhoff, Stefan: "Qualitätsmanagement im Museum", in: Heinze, Thomas (Hg.) (2004): Neue Ansätze im Kulturmanagement. Theorie und Praxis, Wiesbaden: VS, S. 107-129.

Vogelsang, Axel/ Minder, Bettina/ Moor, Seraina (2011): Social Media für Museen: Ein Leitfaden zum Einstieg in die Nutzung von Blog, Facebook, Twitter & Co für die Museumsarbeit, Hochschule Luzern – Design & Kunst, online unter.... http://blog.hslu.ch/audience plus/files/2011/10/HSLU-DK_SozialeMedien_Doppelseiten_Mittel.pdf, abgerufen am 11.10.2011.

Weber, Anna-Carolin/ Kopka, Tobias: "Online-Communities. Theoretische und praktische Grundlagen für Kulturschaffende", in: Scheurer/Spiller (Hg.) (2010), S. 161-186.

Weber, Jürgen/ Schäfer, Utz (2006): Einführung in das Controlling, 11. Aufl., Stuttgart: Schäffer-Poeschel.

Weigel, Christoph (2011): Entwicklung eines Bewertungssystems für die Social Media Aktivitäten eines Unternehmens, Bachelorarbeit (Fachhochschule Smalkalden), München: Grin.

Weinberg, Tamar (2010): Social Media Marketing. Strategien für Twitter, Facebook & Co., Köln: O'Reilly.

Witte, Barbara: "Journalismus – Partizipation – Öffentlichkeit: Das Social Web in der Politikberichterstattung", in: Zerfaß/ Welker/ Schmidt (2008b), S. 97-115.

Zerfaß, Ansgar/ Sandhu, Swaran: "Interaktive Kommunikation, Social Web und Open innovation: Herausforderungen und Wirkungen im Unternehmenskontext", in: Zerfaß/ Welker/ Schmidt (Hg.) (2008b), S. 283-310.

Zerfaß, Ansgar/ Welker, Martin/ Schmidt, Jan (Hg.) (2008a): Kommunikation, Partizipation und Wirkungen im Social Web. 1. Grundlagen und Methoden: Von der Gesellschaft zum Individuum, Köln: Halem.

Zerfaß, Ansgar/ Welker, Martin/ Schmidt, Jan (Hg.) (2008b): Kommunikation, Partizipation und Wirkungen im Social Web. 2. Strategien und Anwendungen: Perspektiven für Wirtschaft, Politik und Publizistik, Köln: Halem.

Zerfaß, Ansgar (2010): Unternehmensführung und Öffentlichkeitsarbeit. Grundlegung einer Theorie der Unternehmenskommunikation und Public Relations, Wiesbaden: VS.

Zernisch, Peter (2003): Markenglauben managen. Eine Markenstrategie für Unternehmer, Weinheim: Wiley-VCH.

7. Anhang

Quellenverzeichnis

ARD/ZDF-Online Studie 2010: Ergebnisse in Media Perspektiven, 78/20100, online unter http://www.ard-zdf-onlinestudie.de, abgerufen am 27.6.2011.

ACTA – Allensbacher Computer- und Technikanalyse 2010, "Zukunftstrends im Internet", online unter http://www.acta-online.de/, abgerufen am 27.8.2011.

ACTA Trendreihen 1998-2011, Grundgesamtheit: deutschsprachige Bevölkerung zwischen 14 und 69 Jahren, Personenstichprobe nach Quoten-Auswahlverfahren: 9.043 Befragte, mündlich-persönliche Interviews, Quelle: Institut für Demoskopie Allensbach, Ausschnitt siehe S. 77-80.

Bewegtbildstudie 2008, Universität Leipzig (Institut für Kommunikations- und Medienwissenschaft, Abteilung Kommunikationsmanagement und Public Relations), online unter www.bewegtbildstudie.de, abgerufen am 27.8.11.

Deutscher Journalisten-Verband (DJV): Grundsatzprogramm, online verfügbar unter http://www.djv.de/fileadmin/DJV/Journalismus_praktisch/Broschueren_und_Flyer/DJV_Grundsatzprogramm_2009.pdf, abgerufen am 6.11.2011.

IBM Institute for Business Value (2011): "From social media to Social CRM. What customers want", CRM-Studie (Sample size n=1.056), Teil 1, Somers, N.Y./USA 2011, online unter ftp://public.dhe.ibm.com/common/ssi/ecm/en/gbe03391usen/GBE03391USEN.PDF, abgerufen am 7.9.2011.

Richardson, Jim: "Research – Museums on Twitter", Online-Umfrage von MuseumsNext, April 2011 in Großbritannien, online unter, http://www.museumnext.org/2010/blog/research-museums-on-twitter, abgerufen am 23.10.2011.

Richardson, Jim "What do people want from museums on Facebook, Online-Umfrage von MuseumsNext, April 2011 in Großbritannien, online unter..... http://www.museumnext.org/2010/blog/what-do-people-want-from-museums-on-facebook, abgerufen am 3.9.2011.

Staatliche Museen zu Berlin – Preußischer Kulturbesitz, Institut für Museumsforschung (2010): Statistische Gesamterhebung an den Museen der Bundesrepublik Deutschland für das Jahr 2009, Heft 64, Berlin, online unter http://www.smb.museum/ifm/dokumente/materialien/mat64.pdf, abgerufen am 25.9.2011.

ACTA Trendreihen 1998-2011 (Auswahl)

	1998		2000		2002		2004		2006		2007		2008		2009		2010		2011	
	%	Mio	%	Mio	%	Mio	%	Mio	%	Mio	%	Mio	%	Mio	%	Mio	%	Mio	%	Mio
Deutsche Bevölkerung 14-64 Jahre	100,0	51,10	100,0	51,14	100,0	50,73	100,0	50,42	100,0	50,12	100,0	49,94	100,0	49,64	100,0	49,29	100,0	49,11	100,0	48,70
Informationsinteressen - Auswahl																				
Interesse insgesamt																				
Wissenschaft und Forschung	67,2	34,34	70,6	36,10	69,3	35,14	69,9	35,24	68,3	34,23	68,9	34,42	68,8	34,16	69,2	34,13	70,4	34,58	68,0	33,11
Computernutzung, Anwendung von Computern	**	**	60,3	30,83	65,5	33,25	68,7	34,64	71,1	35,63	74,0	36,94	75,3	37,36	76,8	37,85	77,5	38,05	78,0	37,97
Internet	34,7	17,73	44,5	22,73	59,6	30,23	65,1	32,81	69,5	34,84	73,3	36,61	76,6	38,00	78,4	38,63	79,7	39,14	80,5	39,23
Telekommunikation	60,3	30,80	68,7	35,13	71,7	36,37	71,3	35,94	72,2	36,17	73,9	36,92	76,3	37,87	76,3	37,61	74,9	36,76	73,4	35,76
Unterhaltungselektronik	**	**	**	**	**	**	**	**	62,1	31,15	61,9	30,91	63,6	31,55	65,1	32,09	71,3	35,02	69,6	33,91
Digitales Fernsehen, neue TV-Techniken, Pay-TV	**	**	21,5	11,01	44,0	22,34	46,4	23,38	52,2	26,17	52,0	25,99	54,6	27,10	58,0	28,56	58,8	28,90	58,0	28,25
HiFi-Geräte, HiFi-Technik	59,6	30,44	59,4	30,40	60,9	30,92	57,8	29,16	60,3	30,22	60,1	30,00	61,3	30,42	61,7	30,40	61,2	30,07	58,5	28,50
Fotografieren	55,9	28,56	57,3	29,33	59,3	30,11	55,5	27,99	58,9	29,50	58,2	29,04	59,0	29,28	59,4	29,28	57,5	28,26	55,0	26,78
Filmen, Videofilmen	39,0	19,94	41,7	21,33	43,6	22,12	40,8	20,59	41,1	20,60	41,0	20,48	40,9	20,30	41,6	20,50	40,8	20,06	37,8	18,41
Online-Shopping, Einkaufen im Internet	**	**	21,5	11,02	30,3	15,37	38,8	19,58	43,4	21,77	45,3	22,61	49,7	24,69	52,3	25,77	54,3	26,67	57,3	27,93

	1998		2000		2002		2004		2006		2007		2008		2009		2010		2011	
	%	Mio	%	Mio	%	Mio	%	Mio	%	Mio	%	Mio	%	Mio	%	Mio	%	Mio	%	Mio
Internetnutzung																				
Internetnutzung insgesamt	11,8	6,01	28,6	14,65	46,0	23,33	58,8	29,67	67,3	33,75	71,7	35,82	76,1	37,79	78,1	38,47	81,5	40,00	83,5	40,66
Tägliche Nutzung	**	**	**	**	19,8	10,04	27,2	13,71	33,9	16,98	38,7	19,34	44,5	22,10	47,2	23,29	53,2	26,11	55,2	26,88
Eine Stunde und mehr (je Nutzungstag)	4,3	2,18	10,0	5,12	17,2	8,71	24,0	12,10	30,0	15,01	34,8	17,36	39,3	19,53	40,4	19,90	44,3	21,75	45,9	22,35
Mobile Internetnutzung via Handy/Smartphone	**	**	**	**	**	**	**	**	3,1	1,57	2,7	1,35	3,0	1,47	5,5	2,72	11,9	5,86	17,1	8,31
Breitband-Internetanschluss																				
Besitz im Haushalt	**	**	**	**	**	**	**	**	34,5	17,28	48,1	24,02	63,4	31,49	70,4	34,69	74,5	36,59	77,6	37,82
Vorwiegend rezeptive Internetnutzung - Auswahl Es nutzen mindestens ab und zu -																				
Aktuelle Nachrichten zur Politik	**	**	**	**	16,2	8,23	20,9	10,52	24,3	12,20	26,6	13,28	28,8	14,28	34,6	17,07	38,0	18,64	38,2	18,58
Sportnachrichten	**	**	**	**	13,2	6,70	14,4	7,24	17,8	8,93	20,1	10,04	21,0	10,44	22,4	11,04	26,8	13,15	25,8	12,57
Aktuelle Wirtschaftsmeldungen	**	**	**	**	11,7	5,92	14,8	7,47	16,7	8,39	18,1	9,05	21,0	10,41	25,8	12,71	28,2	13,84	25,6	12,49
Wetterbericht, Reisewetter, Schneeberichte	**	**	**	**	17,4	8,82	22,4	11,27	28,2	14,13	34,3	17,15	36,3	18,02	42,2	20,79	47,8	23,46	48,4	23,56
Veranstaltungshinweise	**	**	**	**	17,2	8,74	24,4	12,31	28,7	14,40	33,4	16,67	35,1	17,42	37,8	18,63	40,7	20,00	39,2	19,11
Nachschlagewerke	**	**	**	**	20,1	10,22	24,9	12,57	32,8	16,46	38,3	19,12	44,4	22,02	47,2	23,27	50,3	24,70	51,6	25,11
Zeitungs- und Zeitschriftenarchive	**	**	**	**	9,4	4,76	10,4	5,26	12,6	6,32	14,7	7,35	16,0	7,95	16,8	8,27	18,6	9,13	17,1	8,35
Informationen für Ausbildung, Beruf	**	**	**	**	22,9	11,60	29,3	14,75	34,8	17,46	37,9	18,91	43,0	21,36	43,0	21,19	42,6	20,94	40,8	19,88
Informationen zu Computer- und Online-Themen	**	**	**	**	13,3	6,74	15,7	7,92	17,2	8,61	19,0	9,50	20,3	10,06	21,3	10,48	26,0	12,77	25,1	12,20
Gesundheitstipps, Informationen über Medikamente	**	**	**	**	7,0	3,53	9,9	4,97	12,2	6,10	15,2	7,57	18,5	9,16	19,9	9,81	22,0	10,80	20,5	9,98

	1998		2000		2002		2004		2006		2007		2008		2009		2010		2011	
	%	Mio	%	Mio	%	Mio	%	Mio	%	Mio	%	Mio	%	Mio	%	Mio	%	Mio	%	Mio
Börseninformationen, Anlagetipps	**	**	**	**	10,1	5,14	8,9	4,47	7,5	3,76	8,2	4,09	8,8	4,36	9,1	4,47	9,0	4,42	8,3	4,04
PKW-Angebote	**	**	**	**	10,4	5,28	13,1	6,59	15,7	7,85	15,1	7,53	15,8	7,83	17,5	8,62	18,0	8,83	17,2	8,39
Stellenanzeigen, Stellenmarkt	**	**	**	**	11,8	6,00	15,9	8,03	17,4	8,73	19,1	9,56	20,7	10,28	19,5	9,59	20,5	10,09	18,1	8,82
Immobilienangebote, Vermietungen	**	**	**	**	4,4	2,23	6,3	3,18	7,1	3,58	9,4	4,68	10,0	4,97	12,0	5,89	13,1	6,41	12,1	5,88
Produktinformationen, Preisvergleiche	**	**	**	**	16,5	8,38	24,3	12,25	31,2	15,62	34,9	17,41	42,0	20,86	44,9	22,11	42,8	21,01	42,5	20,70
Musik hören/ herunterladen (kein Radio)	**	**	**	**	**	**	16,8	8,45	21,2	10,65	22,3	11,16	22,9	11,13	25,7	12,66	29,0	14,25	35,0	17,06
Videos, Filmclips anschauen	**	**	**	**	**	**	**	**	**	**	19,7	9,85	26,2	13,03	32,9	16,23	39,2	19,25	37,3	18,18
Radio übers Internet hören (das laufende Programm oder zeitversetzt)	**	**	**	**	**	**	**	**	**	**	**	**	11,9	5,89	13,4	6,61	15,0	7,37	15,9	7,73
Fernsehen über das Internet (das laufende Programm oder zeitversetzt)	**	**	**	**	**	**	**	**	**	**	3,9	1,93	6,7	3,35	8,2	4,05	10,4	5,10	12,4	6,03

	1998		2000		2002		2004		2006		2007		2008		2009		2010		2011	
	%	Mio	%	Mio	%	Mio	%	Mio	%	Mio	%	Mio	%	Mio	%	Mio	%	Mio	%	Mio
Internetnutzung zur Kommunikation, Transaktion - Auswahl																				
Es nutzen mindestens ab und zu -																				
E-Mails	**	**	**	**	37,2	18,88	49,2	24,88	57,5	28,81	61,6	30,74	66,9	33,22	70,5	34,77	73,0	35,85	75,8	36,92
Chatten	**	**	**	**	12,3	6,22	12,8	6,43	16,4	8,23	19,5	9,74	25,5	12,68	26,1	12,84	29,3	14,40	34,0	16,55
Twittern (Beiträge lesen oder schreiben)																	9,2	4,52	10,2	5,51
Instant Messaging	**	**	**	**	**	**	**	**	10,3	5,16	13,1	6,54	16,2	8,03	16,6	8,19	17,3	8,51	15,7	7,65
Telefonieren über das Internet, Videotelefonie	**	**	**	**	3,1	1,58	3,2	1,61	8,7	4,38	11,1	5,56	12,8	6,35	13,6	6,71	15,4	7,55	16,6	8,07
Online-, Homebanking	**	**	**	**	16,9	8,55	24,5	12,34	28,4	14,25	29,9	14,94	34,0	16,90	34,5	17,01	38,8	19,05	41,6	20,28
Etwas ersteigern	**	**	**	**	**	**	**	**	**	**	32,3	16,15	37,4	18,54	40,0	19,71	42,6	20,90	35,8	17,46
Etwas versteigern	**	**	**	**	**	**	**	**	**	**	24,1	12,05	26,6	13,23	27,5	13,54	26,7	13,10	27,0	13,16

Partizipative Internetnutzung - Auswahl
Mache ich mindestens ab und zu-

	1998 % Mio	2000 % Mio	2002 % Mio	2004 % Mio	2006 % Mio	2007 %	2007 Mio	2008 %	2008 Mio	2009 %	2009 Mio	2010 %	2010 Mio	2011 %	2011 Mio
Eine eigene Homepage oder einen eigenen Blog betreiben	**	**	**	**	**	7,8	3,91	8,4	4,16	8,8	4,31	8,1	4,00	8,7	4,25
Kommentare für fremde Blogs, Foren schreiben	**	**	**	**	**	4,5	2,24	5,6	2,80	7,5	3,72	8,8	4,31	9,6	4,69
Eigene Fotos ins Netz stellen	**	**	**	**	**	7,0	3,52	10,8	5,36	12,0	5,89	14,0	6,86	18,3	8,91
Videos bei YouTube, MyVideo usw. einstellen	**	**	**	**	**	2,8	1,41	4,3	2,14	5,7	2,81	6,1	3,01	6,1	2,97
Lexikonbeiträge schreiben oder überarbeiten	**	**	**	**	**	1,1	0,55	2,1	1,03	1,8	0,88	1,7	0,81	1,8	0,90
Kritiken, Kommentare zu Büchern, Kinofilmen, CDs verfassen	**	**	**	**	**	2,1	1,07	2,8	1,38	3,6	1,75	3,2	1,55	3,4	1,66
Bewertungen, Testberichte schreiben	**	**	**	**	**	4,4	2,19	5,2	2,58	6,5	3,18	5,5	2,71	6,2	3,03
Teilnahme an Online-Spielen, Browserspiele spielen	**	**	**	**	**	10,3	5,12	10,4	5,18	10,6	5,21	12,8	6,28	11,7	5,72
Kontakte knüpfen, Leute kennenlernen	**	**	**	**	**	12,4	6,20	17,6	8,72	19,2	9,46	20,8	10,21	24,6	11,99

Social Network

	1998 % Mio	2000 % Mio	2002 % Mio	2004 % Mio	2006 % Mio	2007 %	2007 Mio	2008 %	2008 Mio	2009 %	2009 Mio	2010 %	2010 Mio	2011 %	2011 Mio
Mitglieder bei Facebook, XING, StudiVZ o.ä.	**	**	**	**	**	**	**	15,5	7,69	23,4	11,53	31,2	15,30	40,5	19,74

	1998		2000		2002		2004		2006		2007		2008		2009		2010		2011	
	%	Mio	%	Mio	%	Mio	%	Mio	%	Mio	%	Mio	%	Mio	%	Mio	%	Mio	%	Mio
Mediennutzung																				
Wichtigste Informationsquellen über das aktuelle Geschehen																				
Zeitungen	**	**	**	**	**	**	58,6	29,53	55,7	27,92	53,0	26,47	50,7	25,19	49,8	24,57	47,3	23,23	43,8	21,35
Fernsehen	**	**	**	**	**	**	80,8	40,75	80,4	40,32	77,8	38,85	75,6	37,52	75,2	37,06	74,0	36,33	73,3	35,71
Radio	**	**	**	**	**	**	36,9	18,61	38,0	19,02	38,9	19,40	37,5	18,62	35,5	17,50	34,6	17,01	34,3	16,71
Internet	**	**	**	**	**	**	14,7	7,43	19,5	9,80	23,6	11,78	27,6	13,69	31,4	15,46	34,0	16,70	36,3	17,67
Tagesaktuelle Nachrichten																				
Es haben sich gestern über das aktuelle Geschehen informiert	**	**	**	**	**	**	81,6	41,15	82,5	41,36	79,8	39,86	79,4	39,40	80,5	39,67	81,0	39,78	81,3	39,62
in der Zeitung	**	**	**	**	**	**	52,0	26,21	50,8	25,47	48,4	24,18	46,3	22,98	46,1	22,72	44,8	22,01	42,8	20,84
im Fernsehen	**	**	**	**	**	**	68,1	34,36	69,2	34,66	65,5	32,71	63,5	31,53	64,2	31,65	65,4	32,09	64,9	31,60
im Radio	**	**	**	**	**	**	35,6	17,92	36,3	18,18	36,5	18,25	35,7	17,73	35,4	17,45	37,1	18,20	36,7	17,89
im Internet	**	**	**	**	**	**	9,7	4,90	12,6	6,34	14,4	7,21	16,6	8,24	20,3	10,03	23,4	11,48	26,4	12,87
Aussagen zum Internet																				
Für meine tägliche Information sind Computer und Internet unverzichtbar	**	**	**	**	20,9	10,61	25,5	12,85	29,9	14,97	32,4	16,16	35,4	17,57	40,3	19,89	40,1	19,70	41,4	20,15
Um mich zu informieren, brauche ich keine Zeitung, mir reichen die Informationen, die ich im Fernsehen und im Internet bekomme	**	**	**	**	**	**	15,0	7,55	18,3	9,15	19,6	9,79	22,0	10,93	27,1	13,36	26,0	12,78	27,9	13,59
Wenn ich mich mal alleine fühle, gehe ich ins Netz und nehme dort Kontakt zu anderen auf	**	**	**	**	**	**	**	**	**	**	9,1	4,56	11,5	5,69	**	**	12,8	6,28	13,7	6,68

Tab. 4: ACTA Trendreihen 1998-2011 (Ausschnitt), erhoben vom Institut für Demoskopie Allensbach (www.ifd-allensbach.de)

The manufacturer's authorised representative in the EU is Springer
Nature Customer Service Centre GmbH, Europaplatz 3, 69115 Heidelberg,
Germany. If you have any concerns regarding our products, please
contact ProductSafety@springernature.com

Printed and bound by CPI Group (UK) Ltd, Croydon, CR0 4YY

28/04/2026

02098532-0001